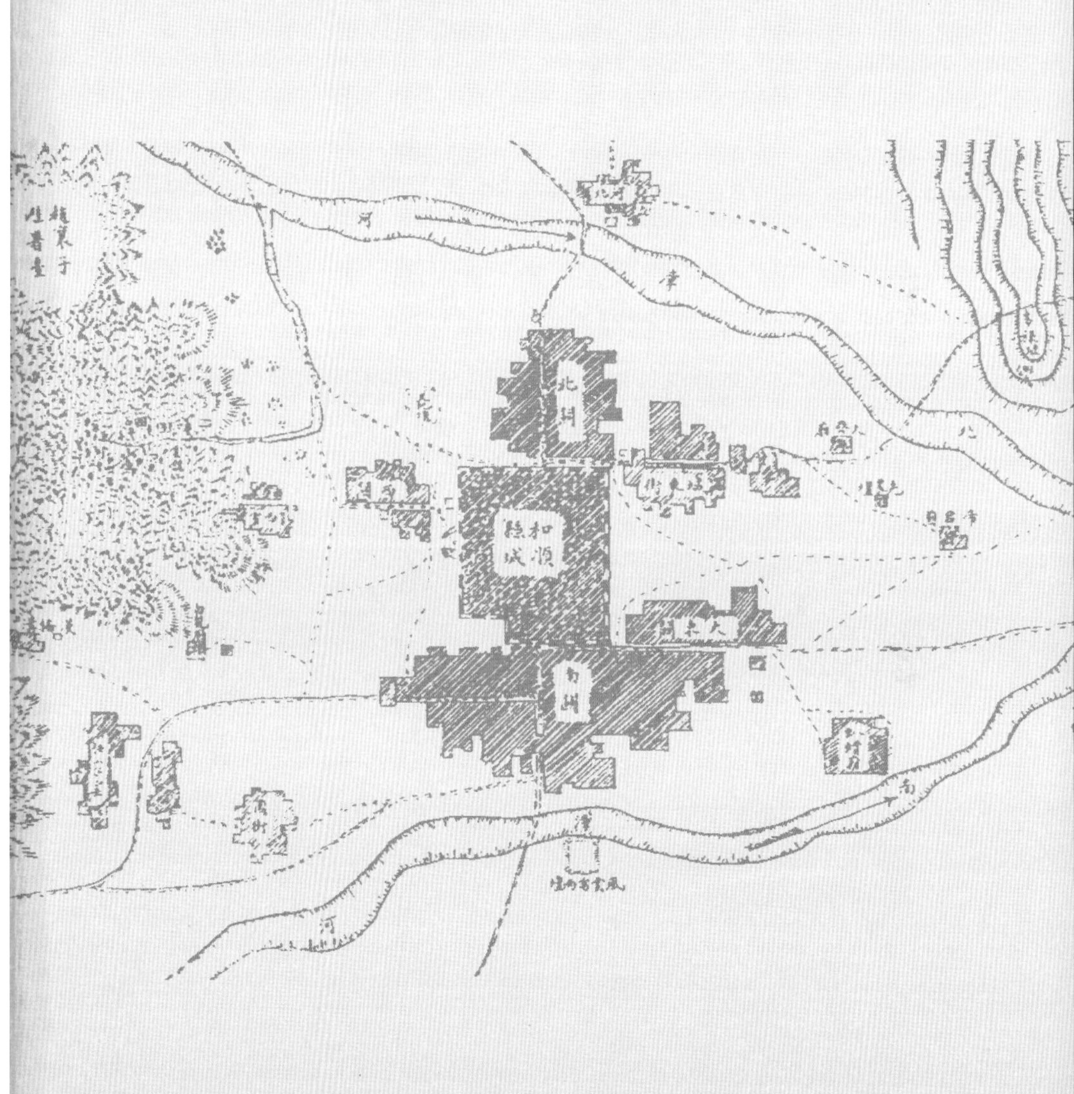

天和地順文風厚
物阜民殷氣象新

温彥國撰書

温彦国书法作品　天和地顺文风厚　物阜民殷气象新

跟著古誌遊和順

赵世芳 著

温彦國題

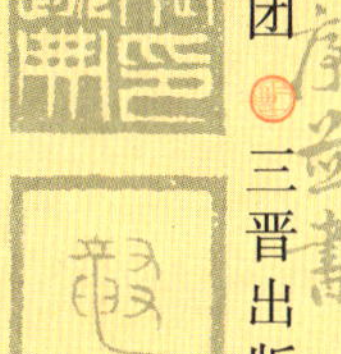

山西出版传媒集团
三晋出版社

云龙云海日出

作者摄于二〇〇九年九月九日晨

风雪太行

严关千仞太行绝

云龙山九龙柱

目 

跟着古志游和顺

Traveling around He Shun According to Ancient Records

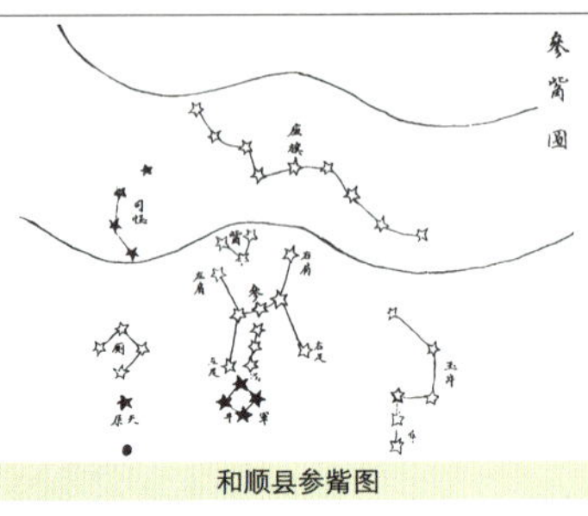

和顺县参觜图

序一

千秋和顺万古芳

——序《跟着古志游和顺》

杨治国

去年秋天，我看到了一本以介绍和顺风景名胜为旨趣的乡土读本《跟着古志游和顺》，捧卷在手，不忍停阅，于是几乎一晚上一口气读完。掩卷之时，已至平明。索性随手写了几页读后感，竟至成章小文。近来该书作者赵世芳告我此书要正式出版，并让我给写个序，于是不仅重读了一遍新修改的定稿，并又翻出去年秋天的那篇文章，稍作改动，而成一序文，付世芳试送出版方斧削充用，正误悉听斗线绳革。

一

和顺临太行之绝巅，引漳水之源头，山水灵秀之气，天地钟毓之脉，独育和顺之才，代出俊士。我与世芳相交有年，属同龄人，对其人、其文、其才，当称深知。余以为，世芳论其人，具和善之德；论其文，具弘识之旨；论其才，具博识之智。一邑之中，广赋俱秉之者，世芳实不可多得之士。他虽天资有达，但更赖数十年如一日，勤奋好学，笔耕不辍，经月而累年，渐积慧渊，终成有识之见。见事知事，评今品古，堪成一得之言。其由和顺古志发见，说古邑之景，抒今人之怀，治和顺之德，誉梁余风土，扬和谐之声，意在书中，义在文外，世芳能有此深文善旨，岂是一志一书所成之，乃是寒暑不畏，昼夜不舍所钟。吾邑居太行而少平夷，人文孤陋，达官鲜就，历代凡有成就且闻名者，多如世芳含辛茹苦乃成名业。时地所致，诚如旧志所云：限于天，域于地，更局于人。是以和顺儿女要有所成就，不历风霜雨雪，唯有望山空叹，概无坦途。

二

《跟着古志游和顺》是一本构思精妙的书。

首先，妙在一个“跟”字上。和顺风光集太行壮美与古韵秀雅于一身，若以世俗之见，必是哪里人多去哪里，何处有名说何处，而世芳却绝不随波逐流。他借古发今，站在古人的肩膀上，循着古人的思路，以幽幽的古人情怀，追随着古人的足迹，开始进行了一场不会也不可能有终结的历古、访古、探古、思古、鉴古、述古的大旅行。在今天的和顺大地上，他让我们这块土地上曾经上演过的历史活剧重新上演了一些片段，那些历史人物又重新再现了自己一些台词，当百年千年之前的主人公又重现自己舞台的时刻，我们会产生到底怎样的历史思考呢？他们会怎

样去看待自己的子孙，我们又当如何去面对自己的先人呢？在世芳的笔下，我读出的是多样的历史回味。今人不见古人面，今月曾经照古人。在照过古人的今天的日月下，我们的头到底是敢仰着，还是当低着，这是一种有着历史意义的俯仰啊！因此，这一跟字，妙就妙在它变成了一个指向，更变成了一个有着春秋精神的符号！我们跟了吗？我们跟上了吗？我们跟对了吗？我们到底是跟呢，还是不跟了呢？书中引王夫之的话说：天地以和顺为命，万物以和顺为性，继之者善，和顺故为善也；成之者性，和顺斯成也。和顺是这块广袤大地的名讳，这是我们先祖以自己的智慧和理念以及追求，赋于她的哲学灵魂，而这也正是中华民族的天赋精魂。和顺这个县名整整叫了一千五百年，历史的脚步就是踏着这个美丽而娇好的名字，一步步走到今天的。而沉重的脚步声在深深的叹息声交织中，继续指向着我们继续朝着人类和民族的历史目标，不断地努力。看来，我们要完成的不光是“跟”着古志去完成一次旅行！这个跟字用的真是太妙了。

其次，妙在一个“游”字上。天地赠予了我们壮丽的河山，历史留给了我们浑厚的人文积淀。为因如此，我们才能跟着古志去游、去看、去想。但世芳这个字用得好就好在让人去游上，他不给你压力，不给你题目，不给你负担，也不给你教义或经文义理，就是让你去游。

然而，如果你去细细一想，或许会惊出一身冷汗来。人类就因为无数次的游耕游牧游事游说游走而上演了数千年的永不谢幕的大戏；民族就因为无数次的游击游斗游行游离而演绎了永不终结的故事；个人就因为无数次的游梦游学游历游交而完成着生命和人性的体验。我们可以换一种说法，人类、民族及个人的历史，不就是一出出游的画卷吗？那么，当我们去游先人和天地给予我们的宝贵遗产时，她要求我们的决不是游戏，不是游行，更不是游心，而是要带着拷问的人性和人道来努力做一次灵魂的洗礼和心灵的荡涤。否则，你不过是在一个景点上喝了一盅、吃了一餐而已，这实在是一种历史的遗憾。

人类为什么游，古人为什么游，今人为什么游，后人还有无可游？这是一个什么样的命题，在地球灾难频发，人类冲突不断，人性对抗尖锐的今天，让我们跟着古志游，跟着历史游，跟着人性游，实在是一个再也无法绕过去、顶过去的时代和人类课题了啊。于是乎，我们当好好玩味一下这个“游”字！

再次妙在一个“志”上。太凡旅游，不是听导游的，便是听广告的，或是跟风气的。世芳一反世态，一反时尚，却奇思妙想，创了一个跟着古志游和顺。志是什么？志乃邦国之史，方域之史。所谓国之有史，地方有志是也。大到国家一统志，小到一县一邑一乡一村之志，不论其巨细，核心都是记述方域境界，山川物产，风俗民情，至要之处，就是记述兴废治乱、人事更迭、民心得失等等关切政治得失和经济社会发展变化以及富强衰微之势的。《周礼·春官》曰：外史掌四方之志。和顺虽弹丸之地，旧志说：“处山谷之中，陆难行车，水不载舟，商贾鲜至，播获外别无它事。”然而亦有方志，更有治乱之史，更迭之因，亦列春官之序。《和顺县志》自明神宗万历十一年创修起，曾三次继修，仅从民国版即一九一四年所修县志，亦可推及古志之大体之貌。其内容堪称县治全事，尽管详少略多，然而文笔之好，记事之当，概括之精，尤其所收录之诗文咏纪、碑铭金石之文字，余以为今人所能企及者，实在鲜见，反正本人无论如何也难望其项背。其中许多诗文都是写和顺旧景古风的，个中意趣主旨，仍值今人诚恳汲取。古人修志，重在以春秋笔法明是非，昭大义，肇功启智，垂教时人与后世。和邑十景十色，四绪八极。无论士宦文人，还是隐者义志，举凡诗文纪咏，碑序铭章，皆是以诗说道，借文谕世，尽彰忧国悯民之义，都驰仁人悲世之怀，志中所收之景，所集艺文，取舍之尺，全在为民兴乡，公忠体国一理上，舍此则无它。世芳首倡跟着古志游和顺，只要你愿细心体会，凡是志书咏及、诗传之景胜，无一处不与兴废治乱、善恶得失有关，只不过意蕴或隐或晦，或显或彰而已。因此，我们欲游欲跟，必先深谙志中深味，然后可以走进古邑之景，肇始慧心智德，如此不仅和顺可以去得，天下无处不可去也。且勿小瞧这一邑一志一文一景一诗一碑一钟一铭，当你真正能跟它携手畅游之时，你打开的不仅是一书一门，而是自然天下，人文天下，历史天下，知识天下，更是无穷无尽的智慧天下、真理天下。古人力倡智者读史，今人更道读史使人明智，其实，读志就是读史，就是万卷之中一长简，而游即是行万里之中一跨步，积简积步，非智者不能，又必是能者必智。读矣，游矣，焉能不有获益！

三

《跟着古志游和顺》堪称一本对和顺人文历史进行深入考证研究的专著。和顺远在旧石器时代就有人类活动,距今已达三万一千八百年,从春秋置邑,北齐置县,隋朝开皇十年改称和顺县,邑县之史,已近两千七百年之久,在中国怎么都能称得上是一个历史悠久的古邑古县。和顺是后赵皇帝石勒之寓居之地,是麻衣神相作者麻衣道人的修持之地,是赵襄王的护柩之处,还是国务院公布的非物质文化遗产牛郎织女故事的发源地,还有一门三尚书的明代名臣王云凤父子。有仙有道、有帝有臣,充满着浓厚的文化气息。更有历史上的古战场、古遗址,更有和顺独一无二的优美地名,在中国的历史圈、文化圈乃至学术圈中,实在是应该占有一席之地。然而,古往今来,真正投身考古并研究和顺这些历史文化现象者,十分罕见。世芳这些年却以一个文人身份自觉投身其中,对许多历史遗迹进行了一系列考证,使一个个被尘封的史迹渐渐打开。这是这一本书,也是世芳对和顺所做的重大贡献。和顺的人文资源需要开发,但首先要有人去做发掘、奠基性的工作。通过这本书我们看到,世芳不仅做了,而且做得很好。比如关于古战场的研究考证,就引起了不小的轰动。篇名是:《阏与——一战成名垂史册》。世芳在其中写到:从三家分晋,到秦灭六国,这一历史时期的舞台上先后上演了“阏与之战”、“长平之战”、“再战阏与”三大战役,而阏与

之战始终没有引起史学家的高度重视，甚至还有人在争论阏与是不是现在的和顺。倒是河南大学教授王立群先生在央视“百家讲坛”讲秦始皇时以一节“秦赵战阏与，赵奢施奇计”，专门讲述了阏与之战，并誉为在秦赵战争史上是赵军的一座历史丰碑。世芳认为，正是这一战役，维持了秦赵八年的战略平衡，秦灭赵的脚步因此而迟滞。程步先生在《真秦始皇》一书中，更是以十几幅地图标出了阏与之位置。世芳为此对《史记》、《资治通鉴》、《中国历史百科全书》、《辞海》、《水经注》等书中所记载和论证的观点进行了反复研究与论证，并实地到史书所涉及的古地名区进行了考察，慎重斟酌，终于得出了自己的结论，即阏与之战在和顺：河之东，山之巅，漳河出，有阏与，阏与战，载史记。世芳与程步先生的文章还相继在《山西日报》上发表，网上也竞相转载，在史学界、学说界都一时传为佳话，引起热议。我们说，先读史，善读史，然后疑史，再证史，史则有研究成果，于世定有裨益。如此看来，跟着古志游，还要跟着古志疑，更要循着古志考，必使史志有证，史思有达，史智有启，人们从这读志游景中所得来的一定不是一盏茶、一壶酒，而是一种情怀，一种责任，一种进取。读了世芳的《跟着古志游和顺》，几乎每篇文章都能得到这样的收获和启迪。由此或可以说：读史不仅使人明智，也使人勤思，更使人奋进。

四

世芳这本书，应该说是和顺第一本专门研究论证和顺之所以称和顺的书。他在开篇中就这样题名：《和顺——千年战火万世名》。文章开宗名义，开口就说：和顺之名出何处？《易经·说卦传》有“观变于阴阳而立卦，发挥于刚柔而生爻，和顺于道德而理于义，穷理尽性以至于命”之句。周易阴阳转化的和谐思想，奠定了中国几千年的和谐理论，并逐步成为一个民族的思维定式。从此，“和顺”这一哲学命题，被历代思想家不断发扬光大，从公元五百九十年到公元二零零九年，共一千四百一十九年，和顺之名不仅没有式微，反而是与时俱进，其文化内涵博大而深远。

然而，世芳认为，和顺以如此之名冠县，恰恰是因战火而得名，这是应了一个反其意而名之的取名规律。因为战事战火战争是千年古邑的历史特征，又是历史的无奈。和顺的自然地理正好成为军事的地利，居立县城的明代牌坊已是隋后千年之事，所大书“陵京锁钥”四个大字，足见和顺军事地理位置之要。那么，当历经战火之后，隋朝初定，将立于太行之巅之古战场改称寓意十分美好的和顺县，既可向天下人表明朝廷之志，又是顺应民心之举，况且江山初定的大隋自然也希望天下从此和顺，江山永固，于是，天下从此有了一个美好的县名——和顺。此后的帝王自然无一不希望天下和顺，因此，直至今日，和顺县名再未更改过，成为中国地名学上的一个特例。和顺是一个国家和民族的共同追求和理想，因此，世芳引用明代邑令张冀的话说："邑名和顺，当日之名有义存焉，盖人心即天地，人心和即天地之心亦和，人心顺即天地之心亦顺，和以招和，顺以来顺，斯万物咸若，而岁其稔好。"这一篇文章洋洋数千字，有理有据，引经据典，令人信服，余以为古往今来，所能见到文字而论及和顺县名者，唯以世芳此文为最全面、最有力，亦最可信之。

世芳在其《文化和顺——天和地顺人和事顺》一篇中指出：志有所载是尚待开发的文化资源。并深情地说：文化节要传承，文化也要创造。只要我们对这块土地爱的深沉，对它的历史寄于深情，与它的人民心灵相通，对它的未来充满信心，我们就能坚守文化之根，伸展发展之叶，不断成长壮大，不断续写历史的辉煌。我想，这一席话，给人的启示至少有三条：第一，天下必然走向和顺，构建社会主义和谐社会是天地之心；第二，天下和顺是天下人的和顺，必须要靠天下人的共同创造；第三，和顺人要构建和谐和顺，离不开自己的艰苦努力，和顺人唯有内和才能外顺，唯有内和外顺，才能人和事顺、家和业顺，如此，天和地顺有何难哉！愿和顺和顺，中华和顺，世界和顺，天下和顺！

写了这些文字，权充序吧。

（二零一零年七月草于荷香斋）

（本序作者：中国作家协会会员，中华诗词学会会员，北京理工大学设计艺术学院客座教授，北京图书传播研究所研究员）

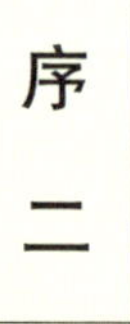

序二

神游和顺

焦 加

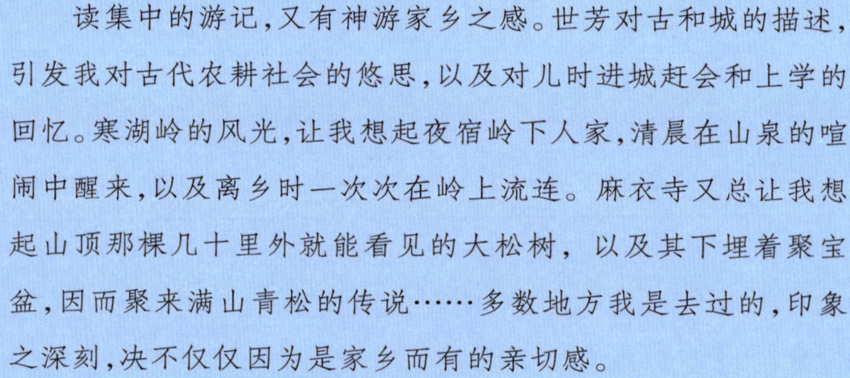

读集中的游记，又有神游家乡之感。世芳对古和城的描述，引发我对古代农耕社会的悠思，以及对儿时进城赶会和上学的回忆。寒湖岭的风光，让我想起夜宿岭下人家，清晨在山泉的喧闹中醒来，以及离乡时一次次在岭上流连。麻衣寺又总让我想起山顶那棵几十里外就能看见的大松树，以及其下埋着聚宝盆，因而聚来满山青松的传说……多数地方我是去过的，印象之深刻，决不仅仅因为是家乡而有的亲切感。

太行断裂带风光的雄丽奇伟，我远离家乡而负笈津门时第一次领略，而此前早已听长辈们说过。父亲用朴实的话语描述的种种印象，如下面下雨上面却是晴天，云彩就在脚下翻滚；上面还没下种，下面小苗已破土而出；站在山上望去，近处的山是绿色的，远处的山是青黛色，更远处是灰色；他当兵赴岭下作战，走的不是路，都是一尺多高的石台……所有这些，后来我身临其境，都得到证实。因为这道岭，和顺的乡土气息更为浓厚。

过去农闲时，长辈们挑一担碳下岭，挑回一担柿子来，冬夜温一个在热炕上，早上醒来拌炒面吃，大约是那时农家的幸福生活。

我极赞成开发家乡的旅游资源。已故族兄焦来魁是摄影家，他的一部照相机，对于促成“和顺新十景”功不可没。他和县委通讯组的韩亮、爱忠、瑞清、晋春等人，知我钟情于家乡的山水，每逢我回家乡，总是问我想不想出去走走。太行断裂带上的姑岩庙、孤山、走马槽，都是他们带我去的。夕阳西下时，站在水帘洞这边山上看对面的马岭，与哪里的山都不同。姑岩天险附近的高山草甸，可能是罕见的旅游资源。我们计议，这些地方可以开发成旅游景点，加上海眼寺、阳曲山、合山等等，都相距不远，可以搞成一日几游或几日游。自然景观、人文景观和民俗结合起来，如孤山附近刺榆沟别具特色的石板房、水帘洞和青城的莜面卷。

至于阳曲山，我始终怀着一种神秘感。我还是学龄前儿童时，从自家的后窗望出去，就可以看到这座山。它对我来说，是“远”这个概念的感性印象。因为它的确是从我儿时所在的村子——牛川乡高邱村所能看到的最远的地方了。奶奶也从未到过那么远的地方，以至于将它混同于台湾——有时说狗蹄山在台湾，有时又指阳曲山说那是狗蹄山，北宋佘太君领着杨家将的子孙辞朝以后，就隐居在那里。这种神秘感至今犹在，缘于我一直想登上山顶，却至今未能如愿。

资源难得，开发起来却不容易。其他不论，单说家乡的历史文化，就迷雾重重。受世芳文章的启发，也想谈谈我对和顺历史文化的看法。

……

家乡温源村有一个地方，据说与黄巢有关。那儿离村不远，名叫鬼沟，沟畔土塄之上，尚存不知哪个年代挖掘的洞穴。相传黄巢杀人如麻，村民们得知他来了，集体躲进洞穴，一声小儿的啼哭暴露了行迹，于是尽被屠戮，草野为赤，因而得名鬼沟。这显然不是黄巢干的，但不排除有这回事，因为它颇似明末张献忠的手笔。《明史》记载：崇祯四年，“紫金梁等寇辽州”，“明年（崇祯五年）六月，贼陷和顺，里居昌平副使乐济众被伤，不屈，投井死”。这乐济众显然就是县志上所说的药济众，和顺县城里的石碑坊就是其门生所立。这次占领和顺县城的将领就有张献忠。《明史》又载：崇祯五年，“自用、献忠突沁州、武乡，陷辽州”。这里的“自用”姓王，大号就叫紫金梁，可见张献忠与他一道攻陷和顺，是确定无疑的。张献忠有天煞星之号，他的军队不杀人几乎是不可能的。崇祯年间他杀的是朱明王朝的子民，李自成占领北京后，他又变本加厉杀大顺王朝的子民。所以我怀疑这鬼沟的传说颇为可信，只不过先辈们可能搞不清真正的刽子手姓甚名谁，或者传走了样，因为黄巢名气大，都知道他是个“反贼”，就把这些事算到他头上了。

由此想到，千百年来口耳相传的地名，很可能蕴含着一些历史信息。走马槽如果确又来历，究竟是什么人在此走马驻军，就成了一个谜。除了唐末五代的军队，还可能是明末张献忠、王自用的军队，以及元末刘福通麾下关先生率领的红巾军。后者曾于元至正十八年(一三五八年)破辽州(《纲鉴易知录》注:辽州路治辽山县,在今山西和顺县西南)。蕴含着更多历史信息的地名如石勒村和李阳村,尽管史书上几乎都说石勒是武乡人,但和顺的石勒村和李阳村肯定有来历,对此世芳给出了一个说法,我以为颇有见地。

还有许多地方,有待于研究、考证。阳曲山下的马连曲村,除溶洞外,还有人工开凿的石洞,不上不下,悬在崖壁中间。一次与县委通讯组森林同行,他说那是寄老窑。如果是这样,那价值不可估量。寄老窑的传说,我儿时就听说过。相传不知什么朝代,老人年过六十就被视为无用,寄养在野外的窑洞里。寄老窑大概形同牢房,老人一旦进去就不再出来,如子女孝顺,还可以送饭,直到老死。如果确实发现了寄老窑,就证明历史上的确有过寄老之俗。按人类发展的轨迹,一个民族从野蛮走向文明的过程中,很可能有过"贱老"的阶段。如《史记》上说:"匈奴俗贱老","壮者食肥美,老者食剩余。贵壮健,贱老弱"。倘汉族存在寄老现象,当十分古老,因为文字一旦产生,不可能没有记载。而众所周知,汉族历来是尊老的,更别说封建社会以孝治天下,不可能发生这样的事了。我虽然不敢相信这里的寄老窑是真的,但我相信,古老的和顺很可能还有尚未发现的历史文化遗存。

二〇〇七年于北京

(本文作者:《中国青年报》高级编辑、高级评论员)

佛造象

Traveling around He Shun According to Ancient Records

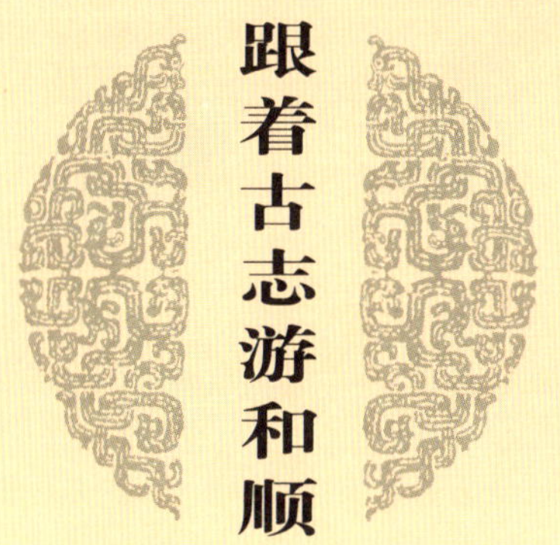

跟着古志游和顺

和顺牌楼

引 子

Introduction

每当春风吹绿这片美丽的土地，我为家乡的魅力所倾倒；每当提起和顺这个动人的名字，我为县名的含义所自豪；每当沉醉于这本迷人的古志（《和顺县志》，创修于明神宗万历十一年〈一五八三年〉，以后又三次继修，最后一次续修于一九一四年），我为先辈所记述的历史所震撼……

和顺二千二百五十平方公里的广袤大地上，太行山雄峰座座，关隘重重，漳河水清流潺潺，溪涧脉脉。境内有两千米以上山峰一座，一千六百米以上山峰一千四百八十座，峻岭七十道，河流清泉十四条。

和顺位于山西省东陲，太行山之巅，清漳河上游。因全县平均海拔高达一千三百米左右，高于周边县市，故“其天地时利迥异邻封”：春寒如冬，夏无盛暑，方秋陨霜，将冬霏雪，一县之内温差悬殊，昼夜之间恍若两季；四岭环峙，群山盘曲，县界天成，河流四出。全县林木覆盖率高达百分之三十四，动物有五纲七十余种。在和顺，你能看见纤尘不染的蓝天白云，你能看到绿色

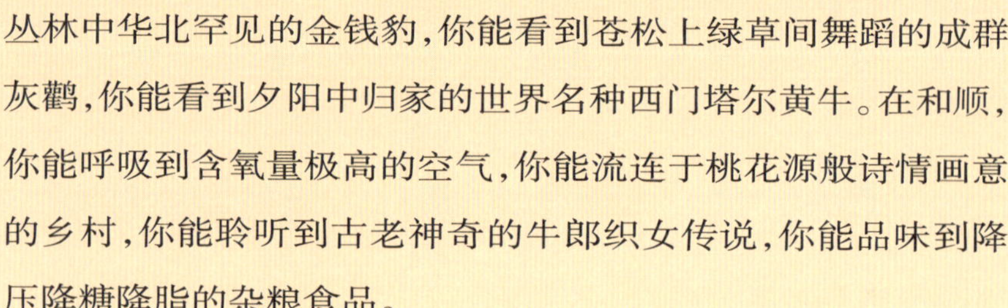

丛林中华北罕见的金钱豹，你能看到苍松上绿草间舞蹈的成群灰鹳，你能看到夕阳中归家的世界名种西门塔尔黄牛。在和顺，你能呼吸到含氧量极高的空气，你能流连于桃花源般诗情画意的乡村，你能聆听到古老神奇的牛郎织女传说，你能品味到降压降糖降脂的杂粮食品。

以蓝天为背景，天上的朵朵白云，坡上的黄色牛群，地上的绿色家园，地下的黑色煤田，共同构成色彩斑斓的五彩和顺。

从春秋战国到现在，和顺两千多年有史记载的历史长河中，好儿女千古不绝，真英雄史册长存，清官故事代代相传，文人墨客笔笔传神。境内计有旧石器晚期洞穴遗址一处，明长城六处，营房十三处，铺递十七处；祠庙二十一处，寺观三十五处，

清凉和顺

祭坛四处；胜景十处，古迹十五处，墟墓十二处，坊表二十三处。古志记载的金元明清四朝，有名宦十一人，乡贤十人，进士十人，举人三十人。明清两代有贡生三百人，到外地做官的吏员四十二人，忠义孝悌之人五十二人，受封荫的二十三人，全国各地来和顺任知县、邑令的一百六十一人……

和顺是红色的革命圣地。是八路军百团大战指挥部、秦（秦基伟）赖（赖际发）支队发祥地、八路军总部、《胜利报》发行地。在这片英雄的土地上，朱德、邓小平、彭德怀、刘伯承、聂荣臻等元勋元老留下了他们战斗的足迹，全县共有南下干部一百二十三人，革命烈士一千一百八十四人。

古人已矣，古迹犹存，史剧落幕，史实不朽。而今的和顺，正

蓝天白云肥牛

在打造山西别具特色的新型能源工业强县、畜牧养殖加工大县、生态避暑旅游名县。当我们阔步前进的时候，回首和顺悠久的历史，追思已逝的先贤哲人，遍游和顺的山川古迹，品味意蕴深长的诗词美文，寻找赖以生存的文化之根，"稽宦迹而思治，睹乡评而思贤，览山川土踵而思兴废之故，观人民户口而思兴替之由"，对我们实现既定目标，建设民富县强的新和顺不无裨益！

蓝天白云，独具特质，和顺一绝

“牛文化”，“牛精神”，和顺独胜

“白色”:地膜覆盖改写了和顺农业历史

请随我一起打开古和顺县志,共同解读先人对这块土地风物的生命认知吧。一个声音穿越时空有如天籁:吾邑和顺……

和顺——千年战火万世名

He Shun City —— A thousand years of war and fire, innumerable glorious generations

“和顺”之名略考。《易经·说卦传》第一章有“观变于阴阳而立卦，发挥于刚柔而生爻，和顺于道德而理于义，穷理尽性以至于命”之句。大意是：从观察阴阳的变化中创立了八卦，在刚柔两性的发挥中产生了交互作用，和谐顺应道德，以调整合理的行为，探究真理，尽乎天性，以达到适应自然，这就是《周易》阴

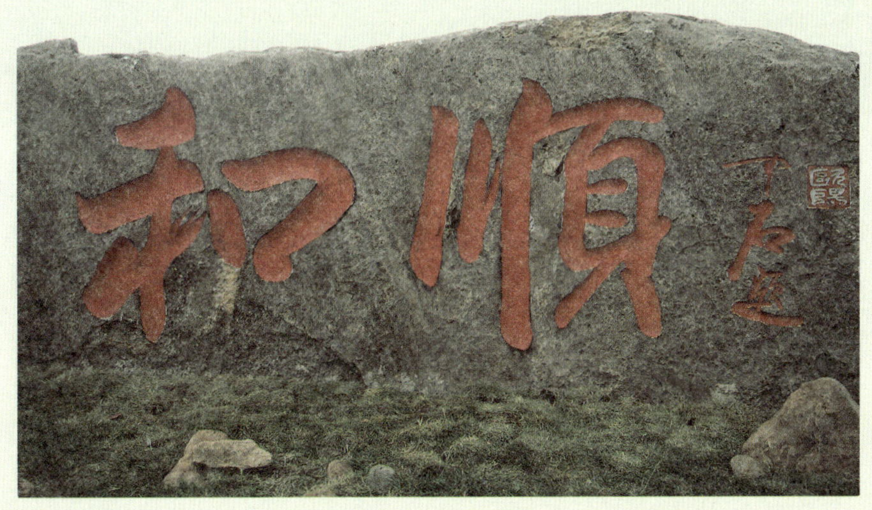

欧阳中石先生题写和顺县名的刻石

『和』文化在和顺根深蒂固，这是百姓门匾上的「和」字

阳生化的思维，从而奠定了几千年来中国特有的和谐理论，并逐步成为一个民族的思维定式。从此，和顺（和谐）这一哲学命题，被历代的哲学家不断发扬光大。宋代的哲学家程颢、程颐认为："刚正而和顺，天之道也；化育之功所以不息者，刚正和顺而已。"王夫之认为："天地以和顺为命，万物以和顺为性；继之者善，和顺故为善也；成之者性，和顺斯成也。"《礼记·乐记》有"和顺积中而英华外发"句。《广韵》解释：和，顺也，谐也。可见，和顺即和谐，此乃天地之命、万物之性。

美好县名隋朝来

反观中国历史，你会发现一个有意思的现象：隋朝开国皇帝杨坚在位期间给众多的县改了名，原名或原意且大都延续至今。据山西有关地名的史料记载：榆次，隋开皇十年（五九〇年）复称榆次县，自此县名历代均不改；左权，隋开皇十年复置县，

改名辽山县；寿阳，隋开皇十年复置，改名受阳县；榆社，隋开皇十六年（五九六年）置榆社县，因县北榆社故城为名；石楼，隋开皇十八年（五九八年）改名石楼县，以县东南有石楼山故名……如此等等，不一而足。同是隋开皇十年（五九〇年），春秋叫“盖与”，战国、秦叫“阏与”，东晋、十六国时期叫“沾县”，南北朝叫“梁榆县”的太行古邑，更名为“和顺县”，自此县名历代均不改。从公元前七七〇年到公元五九〇年，整整一千三百六十年（有史料记载），县名随历史的演进而改动的现象到五九〇年结束了。从五九〇年到二〇〇九年，整整一千四百一十九年了，和顺之名不仅没有式微，而且与时俱进，已成为这个县的金字招牌，其文化内涵博大而深远。

从县城主街名“中和街”，石牌楼上刻“陵京锁钥”四字，可见战与和的因果关系

美名因何冠斯邑

和顺之名如此美妙，为何全国两千多个县，独冠于太行山上一山区小县？翻遍目前的史料，说法有二：一是因为和顺的名好意好；二是因为和顺的古县城叫和城。据《元和郡县志》称："因县东北和顺故城为名。"《太平寰宇记》亦云："因县界内东北古和城以为名也。"明、清《和顺县志》载：因境内有古和城故名。但如果再进一步追溯，古县城为何命名为"和"城？对此，笔者先是起疑，然后用排除法自度：第一，隋朝的帝王将相里没有和顺人；第二，和顺"处山谷之中，水不载舟，陆难行车，商贾鲜通"，显然不是名山大川、大中城市；第三，明、清《和顺县志·风俗志》

建于崇祯四年，为药济众立的木牌坊

长城门洞题刻

认为“和顺属晋，古唐尧旧封，其民俭啬，风犹近古焉”，“风淳俗厚，和顺之名，良不污也”。然曾属晋之县多也，古风犹存之地多也，这显然不能与“和”画等号；第四，有人认为和顺古城“或云石勒时所建”，和顺故城应在今县东北的李阳镇一带，“和顺”之名来自于石勒与李阳争沤麻池后又和解的历史故事。而《古今图书集成·方舆汇编职方典·辽州部》记载：和顺古城在县西北，与今县城相倚，垣迹微存。说明和城在李阳的西南云龙山下（今县城西南）。况且石勒是十六国后赵的皇帝，约在三一九年称王，难道二百七十一年后，隋朝“民政”部门的人将和城发挥为“和顺”？

只因战火而名之

笔者认为，县城叫和城，县名叫和顺，正符合一个起名规律，就是反其意而名之，体现了隋朝统治者和人民群众在长期战乱后希望和平顺利的美好意愿，因为战事战火战争是千年和

平城遗址：赵简子所占平都故城，隋开皇十六年置平城县，金大定十六年归和顺县

顺的历史特征。

（一）从自然地理到军事地利。在中国的地理版图上，太行山南起河南省济源县，北入山西晋城，转向东北，跨陵川、壶关、平顺、长治、黎城、武乡、左权、和顺、昔阳、平定，至北京房山县西部拒马河畔，是我国地形第二和第三阶梯的分界线。《地括志》曰：太行连亘河北诸州，凡数千里，始于怀而终于幽，为天下脊。《读史方舆纪要》曰：盖太行北至恒山，限隔并冀（山西与河北）。和顺位于河（黄河）之东，山（太行山）之巅，清漳河畔。太行山在和顺境内绵延三十七公里，有太行山的第三高峰阳曲山，海拔两千零五十八米。和顺东部有夫子岭、董坪岭、黄榆岭、马岭等关口，出关东下便是赵国国都邯郸、古襄国国都邢台和华北大平原。西部有八赋岭，其岭有二关，西北叫黑虎关，路通太原，西南青龙关，路通汾平。北有蔡岭，路通井陉、娘子关。在一夫当关万夫莫开的冷兵器时代，这样的地理优势，自然成为兵家必争之地。只要你到太行山和顺段随便走一走，那些关隘、峻岭、垛堞、墙垒、长城等战事故迹依旧在，只是不见当时古战场的夕阳红了。翻开旧县志，举目是营房、仓廪、校场、驿站、演武场等等字眼，有大量篇幅记载军事机构及钱粮用度。别的地方

的牌坊上写的是太平盛世的词句，而和顺县城的明代石牌坊上写的却是“陵京锁钥”四个大字，可见到了明朝，和顺仍然是北京城的“锁钥”。另外，和顺古县城为什么只有西、南、北三座城门，而独没有东门？因为，东门外是一片开阔地，两条天然护城河，从战争的角度讲，不开东门则易守难攻，也说明了战争是常态这一事实。

（二）太行山的历史地位。后人在读《读史方舆纪要》时这样评述太行山的历史地位：秦昭王曾以此“威天下”，汉高祖曾以此“得天下”，汉刘秀曾以此“复天下”，魏武帝曾以此“争天下”，唐太宗曾以此“并天下”。可以说，太行山是夺取中原的必争之地，是抵御西北少数民族问鼎中原的一道天然屏障，也是两千年来英雄豪杰施展雄才大略的天然舞台。

（三）战事战火战争是千年和顺的历史特征。从春秋战国到

随处可见的军事设施

董坪岭古代军事工事

隋统一的一千多年间，朝代更迭，战争频仍，太行山巅的和顺就上演了一幕幕永载史册的大戏：公元前六六〇年至前四七六年，和顺为梁余子养[一]的采邑，据《左传·闵公元年～二年》记载，晋献公派太子申生讨伐东山皋落氏[二]，梁余子养为罕夷驾车，晋献公封盖与（即今和顺）为其采邑。战国、秦时期名阏与，曾是秦、韩、赵三国大战的主战场之一，著名的阏与之战（赵奢大败秦军）、再战阏与（王翦大败赵军）就发生在这里，而且还成就了驰名商标"阏与戈"（《史记·廉颇蔺相如列传》、《史记·白起王翦列传》）。西汉二年（前二〇五年），韩信喋血阏与擒夏说破代国（《史记·淮阴侯列传》。到三国、两晋、十六国、南北朝时期，整个国家四分五裂，举国无处不是战火烈焰。公元三一二年，石勒建都襄国（今邢台），三一九年称王，三三〇年成为后赵皇帝，而这位皇帝就曾避乱于和顺，当时和顺名沾县，隶属武乡郡（《资治通鉴》）。之后就是隋朝了，隋朝是在长期的分裂战乱后建立的。在历史的开合之际，所有人都祈祷战火不再，希望和平永续，阏与也好，梁榆也罢，县城叫和城，县名就叫和顺吧！

狼烟烽火古墩台

然而，和顺和谐只是人们的美好愿望，战争是政治的延续，我国旧时改朝换代的主要方式和途径之一恰恰就是暴力。之后和顺的历史继续有以下记载：隋末，有李渊、杨广之战；唐末，晋王李克用大战黄巢起义军；宋太祖征太原（时和顺人薛超[三]跟随，后任天武指挥使兼澄洲团练使）至此寻访麻衣道人[四]；明代

秦晋交战图

和顺人邢朗[五]戍边六十余年，斩敌无数，最后升任宣府右卫指挥佥事，加封昭勇将军；明末，起义军由顺德府（邢台）直逼和顺，曾任直隶永平府知府及山东按察司昌平备道副使的和顺人药济众[六]坚守多日，城破自杀；清道光十二年（一八三二年）进士、湖北兴国州知州、和顺人杨晓昀在保卫吉安时殉国等。太行巍巍，历史演进，战火战争，改朝换代，谁能幸免。

新中国成立后，开创了和天顺地和月顺风和谐发展的新纪元，和顺才其"实"符"名"。正如明邑令张翼所说：

> 邑名和顺，当日之名有义存焉，盖以人心即天地，人心和即天地之心亦和，人心顺即天地之心亦顺，和以招和，顺以来顺，斯万物咸若，而岁其稔好！

注释：

[一]梁余子养，晋国大夫，时和顺为梁余子养的封地。

[二]东山皋落氏，春秋时期与中原抗衡的赤狄的一个部落。

[三]薛超（九三九～九九五年），宋辽州平城县（今和顺仪城村）人，太平兴国初，随太宗征太原，功加步军都军头，任神卫军都校叙州刺史。

[四]麻衣道人，相传为陈抟的老师，著有《麻衣神相》，为我国的术数名人。

[五]邢朗（一四三二～一五一〇年），和顺人，明成化十六年，从征大同等地，功迁宣府右卫指挥佥事，加封昭勇将军，一生戍边六十余年。

[六]药济众，和顺县城人，明万历二十五年（一五九七年）中举人，官至直隶永平府知府及山东按察司昌平兵备道副使等职，死后思宗帝赠太仆寺少卿，赐祭葬。

附表：和顺历代县名更迭表

朝代	年代	县名	隶属
夏	约公元前二十一～前十六世纪	不详	冀州
商	约公元前十六～前十一世纪	不详	冀州
周	公元前十一世纪～前七七一年	不详	并州
春秋	公元前七七〇～前六六〇年	盖与	晋
	公元前六六〇～前四七六年	梁余子养采邑	
战国	公元前四七五～前二二一年	阏与邑、困闷城、平都城	韩、赵
秦	公元前二二一～前二〇七年	阏与邑	上党郡
西汉	公元前二〇六～公元八年	涅氏、沾县二县地	上党郡
东汉	建安中期	乐平郡地	上党郡
三国	二二〇～二六五年	乐平县地	魏·并州
西晋	二六五～三一六年	乐平县地	乐平郡
东晋、十六国	三一九年（石勒元年）	沾县	武乡郡
南北朝	五二六年（北齐孝昌二年）	梁榆县	太原郡
隋	五九〇年（开皇十年）	和顺县	并州
	五九六年（开皇十六年）	西部置平城县	大业初属太原郡

唐	六一八年	隶属和顺县、平城县	河东道·并州
	六二〇年（武德三年）	从和顺县分出仪兴县	辽州
	六二三年（武德六年）	废仪兴县并入和顺县	辽州
五代十国	九〇七～九六〇年	和顺县、平城县	辽州
宋	九六〇～一〇七三年	和顺县、平城县	河东路·辽州
	一〇七四年（熙宁七年）	降和顺、平城为镇	辽山县
	一〇八六年（元祐元年）	恢复和顺县、平城县	辽州
金	一一七六年（大定十六年）	平城县归和顺县	河东北路·辽州
元	一二七一～一三六八年	和顺县	晋宁路·辽州
明	一三六八～一六四四年	和顺县	山西布政使司
清	一六四四～一九一一年	和顺县	山西省冀宁道
民国初	一九一二年	和顺县	山西省冀宁道

阏与——一战成名垂史册

Yu Yu City —— Lasting glory in one war recorded for posterity

从“三家分晋”到“秦灭六国”，两千多年前的三晋大地，曾上演过一幕幕惊心动魄决定国家命运的历史大戏。

赵奢画像

这一时期的历史舞台上，以黄河、太行山、吕梁山为背景，以秦、赵、韩、魏四国为主角，以秦与赵、韩、魏三国的战争为剧情，先后上演了最为精彩的“阏与之战”（前二七〇年）、“长平之战”[一]（前二六二年）和“再战阏与”（前二三六年）三大战役。与“晋阳之战”[二]、“长平之战”相比，“阏与之战”没有引起史学界和军事史学家的高度重视，甚至还有一些人在争论阏与是不是现在的山西和顺。倒是河南大学王立群教授在央视“百家讲坛”讲秦始皇时，以一节“秦赵战阏与，赵奢施奇

阏与之战古战场遗迹——赵奢垒

计”，专门讲述了“阏与之战”，并将阏与之战誉为“在秦赵战争史上，这场战役是赵军的一座丰碑”，正是这一战役维持了秦、赵八年的战略平衡，秦灭赵的脚步因此而迟滞。程步先生在其《真秦始皇》一书中，更是以十几幅地图一次又一次地标示出阏与的地理位置和战略位置。阏与之战，实在有旧话重提之必要。

阏与到底在哪里？《辞海》（一九七九年版）有一专门词条：

> 阏与（yū-），古邑名。战国韩地，后属赵。在今山西和顺。公元前二七〇年秦派胡阳攻赵阏与，赵将赵奢大破秦军；公元前二三六年秦派王翦攻赵，取阏与等九城。

阏与是现在的哪个县？除《辞海》外，笔者翻阅了今人注释翻译的《史记》《资治通鉴》等史书的各种版本和《中国历史百科全书》《中国历史地图集》(谭其骧主编)等工具书,以及各种专业和业余作者发表在互联网上的无以计数的有关文章,对阏与的注释绝大多数为“今山西和顺”或“今山西和顺西”(王立群教授持此说)。程步先生对阏与的注释是“今山西省太原市东北二百公里处的和顺县西北”,并且在诸多的地图里,清楚地将阏与和橑阳(今左权)标在一起。可见,阏与即今和顺,应是不争的事实(史实),但不知道为何个别专家又有了阏与是今“河北武安”、“山西沁县乌苏”两说。两千多年前的战役,我们谁也没见,也没有摄像资料可观,那我们还是看看原文吧。

阏与之战史出《史记·廉颇蔺相如列传》:

赵奢垒寻梦

秦伐韩，军于阏与。王召廉颇而问曰：“可救不？”对曰：“道远险狭，难救。”又召乐乘而问焉，乐乘对如廉颇言。又召问赵奢，奢对曰：“其道远险狭，譬之犹两鼠斗于穴中，将勇者胜。”王乃令赵奢将，救之。兵去邯郸三十里，而令军中曰：“有以军事谏者死。”秦军军武安西，秦军鼓噪勒兵，武安屋瓦尽振。军中侯有一人言急救武安，赵奢立斩之。坚壁，留二十八日不行，复益增垒。秦间来入，赵奢善食而遣之。间以报秦将，秦将大喜曰：“夫去国三十里而军不行，乃增垒，阏与非赵地也。”赵奢既已遣秦间，乃卷甲而趋之，二日一夜至，令善射者去阏与五十里而军。军垒成，秦人闻之，悉甲而至。军士

赵奢垒在和顺大地上已伫立了两千二百八十年

韩国军队出征图

许历请以军事谏，赵奢曰："内之。"许历曰："秦人不意赵师至此，其来气盛，将军必厚集其阵以待之。不然，必败。"赵奢曰："请受令。"许历曰："请就鈇质[三]之诛。"赵奢曰："胥后令邯郸。"许历复请谏，曰："先据北山上者胜，后至者败。"赵奢许诺，即发万人趋之。秦兵后至，争山不得上，赵奢纵兵击之，大破秦军。秦军解而走，遂解阏与之围而归。赵惠文王赐奢号为马服君，以许历为国尉。

《资治通鉴·周纪五·赧王下》以及凡提及该战役的典籍，原文与《史记》所载大体相同，这里不再重复。需要说明的是，原文中赵、秦两军行军决战的路线弄清楚是关键。程步先生认为，赵军离开赵都城邯郸三十里，便筑营防守。此时已占领阏与多年

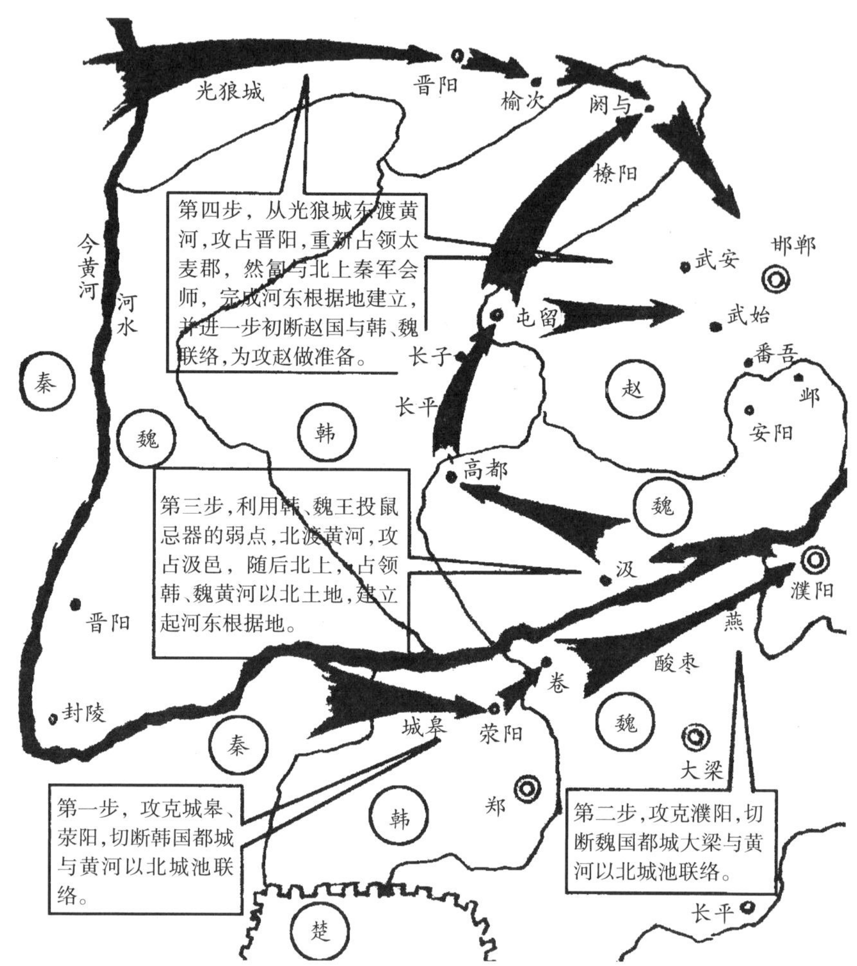

秦始皇统一中国军事战略示意图（程步绘）

的秦军离开了险要的太行山，下山推进到平原武安驻扎（武安离邯郸只有八十里），距赵奢营寨大约二十里。就在秦军在武安附近准备与赵军大战的时候（秦军鼓噪勒兵，武安屋瓦尽振），赵奢一边装作加固营垒（坚壁……复益增垒），一面令主力上山，快速推进到离阏与只有五十里的地方（令善射者去阏与五十里而军），筑营抢占了制高点，这样秦军只好由平原返回向太行山进攻（秦兵后至，争山不得上），结果赵奢居高临下，大破秦

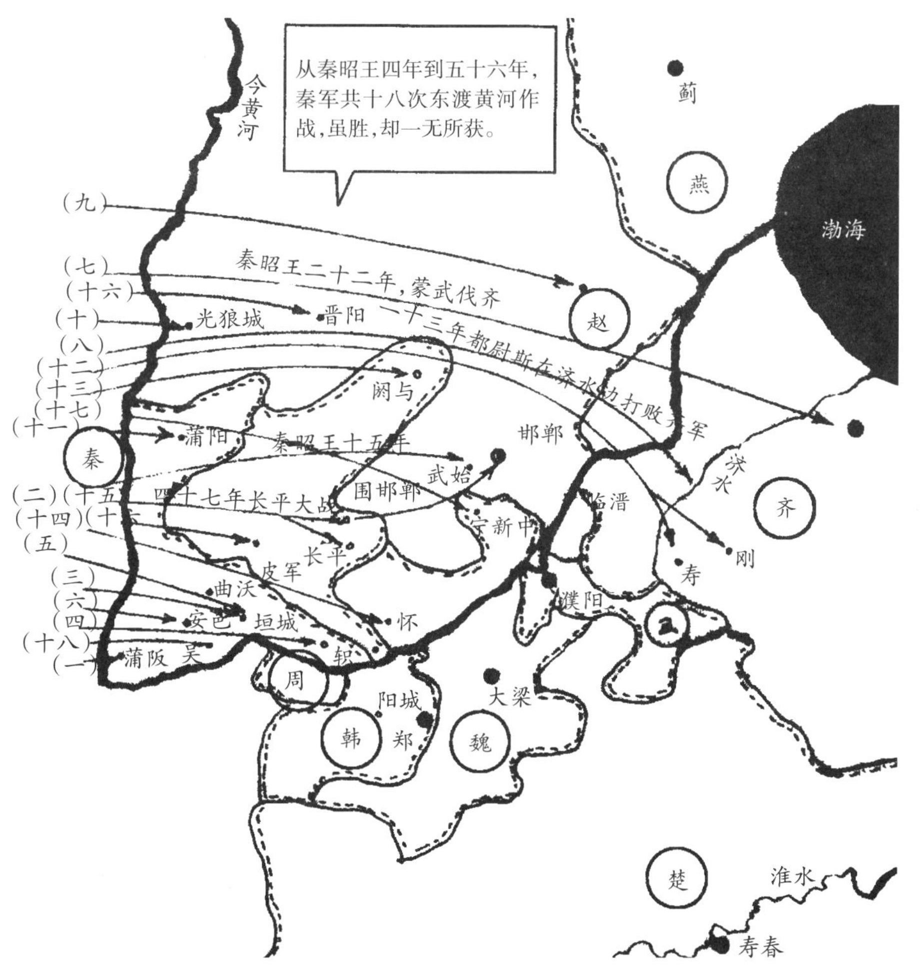

秦昭王时代秦军十八次东渡黄河作战示意图（程步绘）

军，遂解阏与之围。尽管中间曲折离奇，精彩纷呈，但决战地不在武安，而在阏与。最简单的逻辑是，武安离邯郸只有区区八十华里，骑马而疾驰，何用“二日一夜”？易中天先生主张读史一定不能离开原文，程步先生主张读史得留个心眼，看来此话必须当真。

至于阏与是今山西沁县乌苏说，是因为原文中有“赵惠文王赐奢号为马服君”之言。于是有人考证说山西沁县有南北马

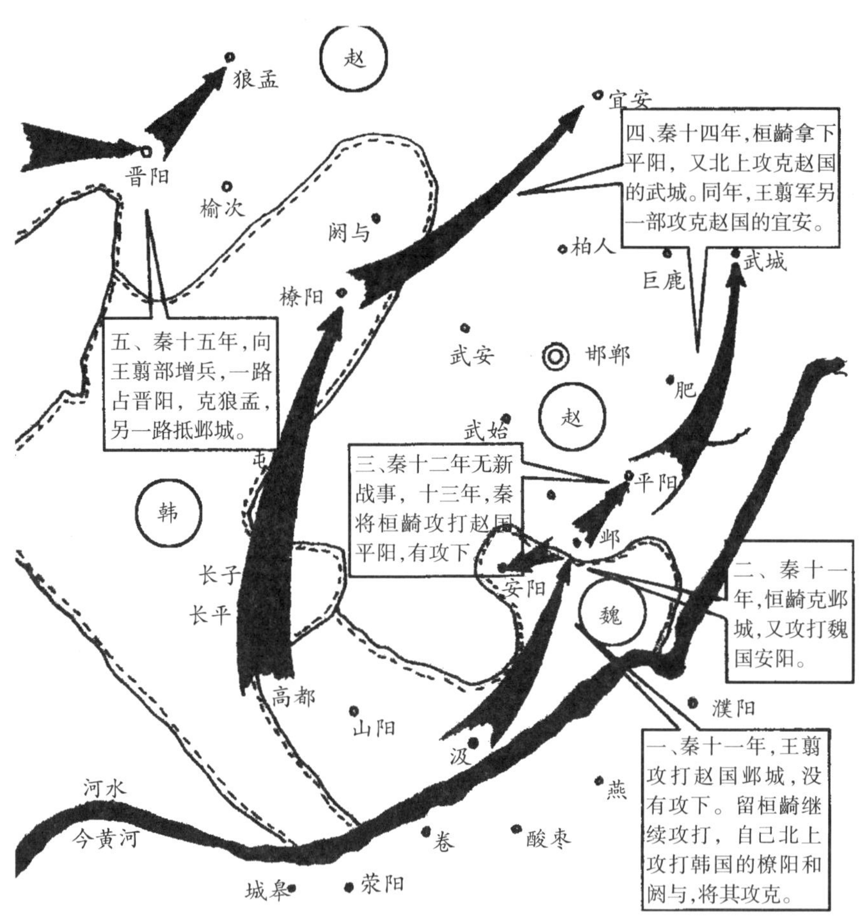

秦始皇十一年至十五年战事图(程步绘)

服村，然而去当地考证的人向村民们询问有关情况时，当地人的回答有点让人哭笑不得：南马夫，北马夫，两个马夫吗，赶马的吗。结论是什么，我想不用再说了吧。倒是创修于明神宗万历十一年(一五八三年)的《和顺县志》上载：赵奢垒，在县东石家庄(村名，晋冀交界)，即赵奢去阏与五十而军处，今庙犹存。据史书载，从战国至北齐(前四〇三年—公元五五〇年)近一千年的时间里，和顺原来的名字就叫“阏与”。《水经注·清漳水》也记

战国时期交战图(油画·何孔德绘)

载:又东北经梁榆[四]域南,即阏与故城也。《水经注》还引用晋代卢谌的《征艰赋》中的名句"访梁榆之虚郭,乃阏与之旧都",以证两名为一地。至今清漳河流经和顺城南的仍叫梁榆河,流经城北的叫张翼河。

阏与之战的历史意义。有人统计,春秋末期至秦统一,大小战役有二百多次,"晋阳之战"的结果是"三家分晋",标志着春秋的结束战国的开始。到了战国时期,秦国是主角,赵国是六国中最强大的,所以秦赵之战影响着历史的进程,而在山西发生的具有重大战略意义的战役也应该是三次,即"阏与之战"、"长平之战"和"再战阏与"。

在秦国与赵国的争霸战争中,阏与一直是一个重要的战略

和顺县石家庄村年代久远的赵王(赵奢)庙

要地。其时,阏与属上党郡,是韩国的战略要地。战国后期,秦国想占有上党郡,以便作为其东进的跳板,韩国也想将上党郡交给秦国,但经过上党官吏和百姓“全民公决”,却归附了赵国。阏与正好在上党郡的最东部,距邯郸一百四十公里。攻占了阏与,秦可在太行山巅俯瞰赵国的一马平川,赵国将无险可据。所以按照“远交近攻”的战略构想,秦东渡黄河首先攻打的是韩上党郡。阏与之战发生在秦昭王三十八年(前二六九年),由于赵奢的勇敢和智慧,大败秦军。据程步先生统计,秦昭王时代秦军十八次东渡黄河作战。其意义在于,阏与之战前,秦军战无不克攻无不胜,从阏与之战秦败开始却是战而不胜,秦赵维持了八年的战略平衡,直至公元前二六二年“长平之战”秦胜赵败。有意思的是,赵奢[五]是阏与之战的英雄,他的儿子赵括[六]却是长平之战的败将。父子俩留给后人的成语分别是“狭路相逢勇者胜”和“纸上谈兵”。二十六年后,即公元前二三六年,秦大将“王翦

攻阏与、橑阳”[七](《资治通鉴·始皇帝上》),连拔九城,夺取赵漳水流域,阏与、橑阳改属秦。七年后,即公元前二二九年,王翦又攻打赵国,一年后,攻陷赵都邯郸,虏赵王迁,赵王降,赵成了秦的一个郡。

综上所述,战国时期,秦赵两国在山西的三大战役具有十分重要的历史意义:

阏与之战,赵胜秦败,打破了秦不可战胜的神话,成就了赵奢等一代名将,开始了两国长达八年的战略平衡;长平之战,秦胜赵败,成就了白起等一代名将,重新启动了秦灭六国的铁蹄进程;再战阏与,秦终于占领了阏与这一战略要地,成就了王翦等一代名将,秦完成了对赵的战略包围,为最终灭赵做好了决战准备。

孙皓辉先生在《大秦帝国》一书中,不仅对“阏与之战”作了精辟的演绎,而且指出:阏与之战后,天下战国又是一变,两大同盟隐然形成,一边是以秦国为轴心,一边是以赵国为轴心,开始了较之早期合纵连横更为酷烈的争战。

王立群教授在总结赵国之亡时说:赵国除了灿烂的文化,还有一点是后人最为称颂的,就是赵国军民的积极抗战,在秦灭六国的过程中,唯独赵国是最能打也是打得最为惨烈的国家。

阏与之战,《史记》中记述之生动,人物形象之鲜明,情节之曲折令人叹为观止。程步先生认为,阏与之战远比“围魏救赵”精彩得多。《史记》“史家之绝唱,无韵之离骚”,从中可见一斑。

河(黄河)之东,山(太行山)之巅,漳河出,有阏与(今山西和顺县),阏与战,载《史记》。

注释:

[一]长平之战,发生于公元前二六二年,是我国历史上最早、规模最大的发生于秦赵两国之间的包围歼灭战,赵国遭受毁灭性打击,极大地加速了秦统一的进程。长平,今山西高平。

[二]晋阳之战,公元前四五五年,发生在晋国赵与魏、韩、智四大贵族集团之间的一场战役,终赵、魏、韩灭智氏,逐渐形成"三家分晋"局面。晋阳,今太原。

[三]鈇质,古代腰斩时用的刑具。

[四]梁榆,北齐天保元年(五五〇年)前后,阏与改置梁榆县,一直至隋开皇十年(五九〇年)改名和顺为止。

[五]赵奢,生卒年不详,号马服君,"马"姓起源,赵国名将,主要生活在赵武灵王到赵孝成王时期,在阏与之战中充分表现了他的勇气和智慧,他特别重视对战争形势和特点的研究,有较高的军事造诣。

[六]赵括(? ~前二六九年),赵奢之子,大将。赵括熟读兵书,不晓活用,作为长平之战的赵军统帅,因其指挥错误,致使赵军全军覆没,四十万士卒被秦将白起活埋。

[七]橑阳,今左权县。

古和城——南溪北涧总东流

Ancient City of He ——Southern brooks and Northern streams eventually turn towards the East

古人曰:王者度地居民,辨方正位,必有一定之规。来过和顺县城的人无不为县城设置之中"规",也就是风水好而叹之。清康熙十四年,知县邓宪璋在为县志作的序中写道:一泓漳水,潆洄郭外,于形胜亦可观。靠山面水是居家建城的最好选择,而和顺县城,城内中轴线为中和街,取《中庸》"以中和养其身",董仲舒"德莫大于和,而道莫正于中"之意。背后云龙挺峙,靠的是满山青松;面前漳河环带,傍的是两弯清流;周边群山环绕,聚的是太行灵气。

古和顺"漳水环带"地势图:背靠云龙山、势倚漳河水,军事地利、人居地利可见一斑

复原的县城北门，古时北门名“拱辰”

《书》曰：卜宅政位。和顺古城，原有城墙拱围，墙高三丈七尺，角楼敌台十一座，垛口八百一十六个，更房三个。城门三座，南曰康阜，西曰宝凝，北曰拱辰。历代知县因时修葺，由土而砖，蔚为壮观。城中官署、学宫、书院、文庙、武庙、城隍庙、火神庙、关帝庙、明伦堂、社稷坛、神祇坛、先农坛、梁余祠、乡贤祠、忠义孝悌祠等一应俱全。每年立春前一日，知县穿官服，率众僚，到东郊先农坛拜芒神[一]，行迎春之礼，回大堂开春宴，演戏报喜。正月十五、十月初一，知县邀仕官、举人、贡生、生员及百姓中高龄者在明伦堂[二]举办餐饮大宴。五月初一，知县等率有关人员

民居石雕门匾“耕读传家”

和顺古居民木雕“谦受益”

和顺古居民木雕“惠迪吉”

专门到梁余祠祭奠和顺的先祖梁余子养，到名宦祠祭奠在和顺有作为的历代官吏，到乡贤祠祭奠和顺的历代名人，到忠义孝悌祠祭奠忠臣孝子。古代以礼治天下，和城虽小，礼周不逊他邑。每年要到文庙、武庙、文昌庙、吕祖庙、城隍庙等举行庙祭；到社稷坛、风云雷雨山川城隍坛、先农坛举行坛祭。那时候的和顺县城，云龙巍巍拥方城，城池巍然以卫民，学宫俨然而育才，官署森然以临政，仓廒谨然而积储。校场阅兵，坊表旌烈，市集易货，驿站传信。一城绿柳，十里白杨，满眼青山，遍地夕烟。官吏峩冠博带，骑驴劝耕；百姓粗衣短褂，田园耕作；军人戎装整齐，站岗巡逻；商人荷担过市，声声叫卖。如若天下太平，可现农耕社会和自然经济条件下的田园风光。县城是城乡结合部，在古代，做县一级的官，尤其是做和顺这样一个地广人少景美事简的县官，除了财政收入任务不好完成外，悠然轻松的好处是其他地方不可比的。正如明代成化二十年进士、正德年间国子

古城门砖雕匾额

陶醉于“松竹山”、“松竹亭”的和顺世风

监祭酒王云凤（和顺人）在《送和顺县刘大尹序》中说：“事易专，令易行，力易为者，惟治邑使然。吾邑和顺者，其境僻，无监司[三]可否异同之夺；其俗淳，无豪猾争论词讼之忧；其地近而事简，无车马将迎案牍丛脞之苦；其民贫而用啬，无衣食糜丽僭拟世禄之患。故往时之君子，唯以赋贡不时集为念，余则皆优游宴笑之日也。”既然事情不多，也只好闲来“优游宴笑”了。在这方面，明弘治年间和顺知县周钺的诗作多有描述：

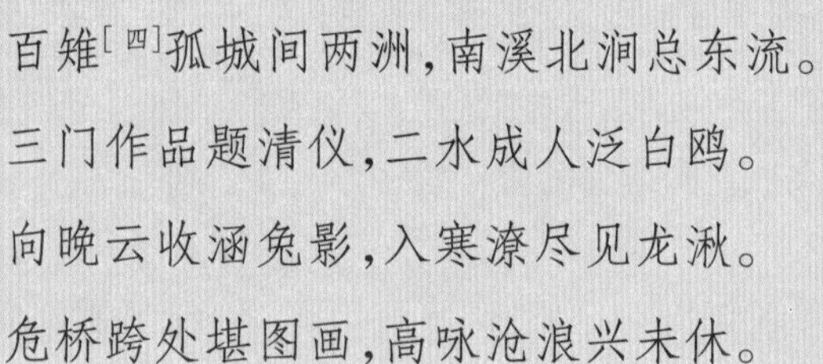
百雉[四]孤城间两洲，南溪北涧总东流。
三门作品题清仪，二水成人泛白鸥。
向晚云收涵兔影，入寒潦尽见龙湫。
危桥跨处堪图画，高咏沧浪兴未休。

从这首诗中可以知道，那时的县城并不大，总的格局是“一山二水三门”，即背依一座云龙山，张翼、梁榆两条河流一北一南从西奔流而来，环抱着只有西、南、北三个城门的小城，并在东面合流东去。河上白鸥点点，入夜明月中天，人在桥上赏美景吟诗文兴趣盎然。在作者看来，两条漳河水一左一右，组成一个“人”字，三个城门组成一个“品”字，可谓“人品”、“品人”之深

意。后来的县官有感于前任县官的感想，又有诗作补充曰：

……

三门峻峭依山敞，两水潆洄抱郭来。

采食尚传梁子界，地基遥接赵王台。

当年贤宰知多少，愧我自非治赋才。

诗中告诉我们，和顺是梁余子养的封邑，县城连着赵王石勒避暑之地，作者谦虚地说，当年和顺的贤达有多少啊，可惜我不是治县的良才。明弘治年间，知县周钺不堪案牍劳累，便出城到东北郊的九京村散心，但见鸟在沙洲卧，儿童骑竹迎，周县令乐而忘返，直到月挂林梢，方才打马回府，晚上赋诗一首，名《九

漳水春色

京新月》：

吏隐长年泯宦情，西风一笑出郊行。
忘饥驱鸟沙边卧，跨竹儿童马首迎。
路入九京游衍处，人留千载古今名。
一钩悬挂林梢月，恰到严城已报更。

后来的知县刘顺昌有感于周钺的诗叹曰："……新月年年照野壑，如何人物几迁更。"明月年年照，人物时时换，在天地的永恒中，人不过是匆匆过客而已。虽然宇宙共一轮明月，但在这儿因人而异，从此九京新月便成了和顺一景。有一天早上周县令又到县城西南郊的凤台村郊游，但见漳河水百媚千娇，山势恰凤凰展翅，松涛如韶乐响起，露草如聆听诗语，东方朝

青冈古寺

霞壮丽，云拥红日前移，联想到临邛旧有求凤之乐，于是赋诗一首：

迭嶂回峦漳水湄，崇岗一似凤来仪。
风松乍作箫韶奏，露草还吟萋苯诗。
天半朱霞增壮彩，云扶旭日望中移。
临邛旧有求凤操，西去长天不可思。

之后，刘顺昌又和道："……丹诏时同红日近，凌空一望发深思。"于是，凤台异形又成了和顺一景。就这样一唱一和，这些在平常人眼里看似平常的风景有了名，有了名气，有了精气神。

时光如水，和顺县城虽历经千年风霜，百次兵火，但古迹毁而不没，先人去而诗留。如今九京新月下增了一泓清水，月影阑珊，灰鹤起舞，杨柳婆娑，更见浪漫。"凤台异形"中修葺一新的百年古寺，晨钟暮鼓，香火旺盛，方格状的县城面积不断扩大，早已跨过了两条河流。县城里，明代建筑木石牌坊经三百年风雨仍坚实如新，旧城门虽孑然独立而更见精神，明地下防御地道重见天日，诉说着当年的战火往事。新和城槐花飘香烟柳氤氲，八百米中和街人头攒动，店铺林立；千余米新和路劲松挺拔，宽阔美丽；清漳河环城而过，如锦似练；东西公园绿草俊树，奇石流水；星级宾馆拔地而起，贵客盈门……

清漳河环绕着和和顺顺的梁余子孙，云龙山下崛起了一座靓丽的山城。

注释:

[一]芒神,古代主管农事的春神。

[二]明伦堂,旧时各地孔庙的大殿称明伦堂。明伦,即明人伦。

[三]监司,负责监察的官吏。

[四]百雉,古代计算城墙面积的单位,长三丈、高一丈为一雉。

云龙山——万壑松声带雨秋

Yun Long Mountain ——
Pine forests are echoing with an autumn rain in countless vast valleys

从地图上看，和顺像一只展翅的蝴蝶，也像一头昂首的雄狮。县城正好居于心脏部位，县城之西就是美丽的云龙山，主峰是海拔一千五百四十八米的摩天垴，似龙头高昂，拖一脉秀山曲折蜿蜒，傍两条漳水云蒸霞蔚，酷似龙行云中，故名云龙山。

云龙山自然之异之美，历代县令、来和政客和文人多有记述。清和顺邑令邱廷溶在《重修云龙山碑记》中论道：

> 今之登云龙山者，皆以为异也。先是元人于山之阳，得灵泉而异之。设堂其上祭祀龙王，岁旱有祷必应，其巅则赵王台，所云襄子[一]避暑地，遗踝犹存。时至其地，蹑层峦，憩飞阁，周览幽遐，放情寥廓。举凡岩谷隐显，川原之缭绕，历历在堂庑间。

清山西学政郜树本[二]说云龙山：

清代石刻

夫水之酝酿也厚，则山之吐纳也灵，以故云龙形势，独擅斯邑。岩壑窈窕，烟霞澄鲜，桥留玉涧之名，泉涌珠跳之象，而绵延旧德，石井浤然，更复挹之不竭也。时或凭高俯瞰，遥见漳水东流，如带如练，河光山色，上下一碧，而山中井之水、泉之水、桥下之水，固知其同出一源也。

因云龙山紧依县城，便成为历代县令公事之余的最佳散步吟诵之所，“有高明之地以舒登眺，闲境之境以息尘劳，佳卉杂树之交荫以润色光景”。又因其太美之故，这些芝麻官游览之后，留下了不少诗作。宣统元年不远千里来和顺当邑侯的江西人刘洪辟就有诗曰：

傍城有名山，龙盘势高耸。
拥翠对衙斋，终日看不足。

终于在“佳节三月三，同人约五六”，“劝耕东郊逐，乘兴一登临”，“玉壶手自携，春泛杯摇绿”，但见“古刹依峰腰，虹桥亘山腹，亭短复亭长，松际露白屋”；“涧底鸟时鸣，壁间诗细读”；“一井大如拳，澜回潜流伏，老松千万株，之而鳞簇簇，风来起涛声，恍惚闻丝竹”。刘县令感慨至此，竟然为美景所“诱惑”，顿生

云龙山牌坊

去官之意：

小憩偏亭台，孤怀增感触。
故山多白云，清绝堪避俗。
安得买山资，归去莳松菊。
一官欲绊人，五斗惭窃禄。
大笑下岗来，催诗忙刻烛。

自此之后，刘县令登山不辍，诗作不断，境界由有意去官发展到飘飘“欲仙”：

云龙际会，如梦似仙

龙山佳气郁葱葱，弥望青苍透碧空。
万树种松三面翠，一桥架石两崖通。

岗分左右中通涧，亭列东西半倚松。
凭临莫谓高无际，路隔蓬莱尚几重。

和顺距离蓬莱遥远，但紧邻昔阳县，明吏部尚书昔阳人乔宇就到云龙山游历过，其诗赞道：

千仞灵源鬼凿开，真从一窍泄胚胎。
蛟龙石底能潜见，云雨寰中任往来。
地界远分梁子国[三]，山形高枕赵王台[四]。
西溪[五]胜迹堪留吟，徒倚苍松坐碧苔。

此诗前四句写云龙山之泉，后四句的前两句写和顺之历史，最后发议论，精到而有气势，不愧是明代大家。

说云龙山就不能不说说云龙书院，云龙山与云龙书院的故事令人欷歔不已。

乾隆三十五年(一七七〇年)，安徽滁州举人唐楷任和顺邑侯，云龙山美景让他大发感慨：

云龙山大龙庙

九龙柱

诸生不见夫云龙山乎！崖谷崒嵂，源泉流为巨津，每当烟结雾凝，不崇朝而霖雨遍野，意其中有神物焉！曩所以蓄飞腾变化之势于深壑大川者，其在是欤？

显然，云龙山的云水雾气让他大吃一惊，甚至怀疑其中有神物，什么神物？唐楷不愧是饱学之士，首先从《易》中找到了答案：

乾之九五曰，“云从龙庆，圣人作而物睹也”。九二曰，“见龙在田，天下文民”。蛟龙非池中物，当其蛰伏存身，必涵育于深壑巨川，以蓄其飞腾变化之势。及一朝

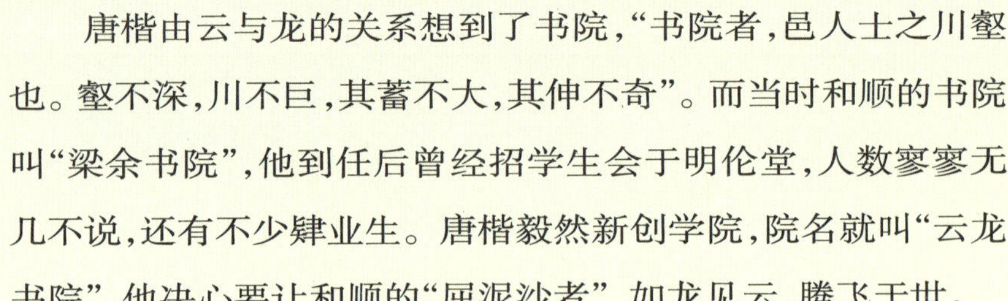

云龙山上“和顺鼎”

嘘气成云，遂有以上蟠下际而无难。

唐楷由云与龙的关系想到了书院，“书院者，邑人士之川壑也。壑不深，川不巨，其蓄不大，其伸不奇”。而当时和顺的书院叫“梁余书院”，他到任后曾经招学生会于明伦堂，人数寥寥无几不说，还有不少肄业生。唐楷毅然新创学院，院名就叫“云龙书院”，他决心要让和顺的“屈泥沙者”，如龙见云，腾飞于世。

道光十五年（一八三五年）甘肃人张兆衡任和顺邑令，他看见的书院则是“茂草是鞠，阒无居人”。他认为“和邑为古梁余地，河山毓秀，代不乏人”。他不仅修好了云龙书院，而且“于书院外，复设立义学，延请塾师，专训童蒙，俾贫寒之家，得以执经从学”。希望“他日人文蔚起，以有造而进有德，由小成而跻大成，师师济济，相观而化”。之后，云龙书院几经兴废，直至本世

纪九十年代恢复至今。

这些县官寄情云龙，便拿出财政收入的一部分来增设亭台楼阁，到清末已有龙神庙、孙真人庙、瀚欲亭、观音堂、后土庙、凌云轩、我有斋、名吾亭、甘泉楼、西溪坊、澄碧楼等，人在其中，恍入仙境。近现代虽然频遭天灾人祸毁坏，但代代修葺不止，直至今天。今天的云龙山，海拔一千五百米高的山顶上，高二十二点五米、直径四米的九龙柱擎天托日，八根云纹柱次第前列。清晨，观云海托红日，龙柱在云雾间时隐时现；夜晚，九龙柱金碧辉煌，如飞龙在天；仰视天空彩云追月，鸟瞰县城灯火阑珊，往日官吏和文人的游玩处，今天已是老百姓休闲的乐园。一年四季云龙山尽现绝色，你看那三月的桃花，四季的松，夏日的清凉，金秋的风。绿树映红墙，空谷听鸟音，澄碧泉水涌，风过听涛声。端午佳节时，万人登云龙，老人登高呼，儿童松下戏，情侣携手游，文人酿好句，墨客涂丹青，百姓大戏台，笙胡遏行云。雄浑的太行山，在云龙山尽显绿色温柔。春的新绿，夏的浓渌，秋的熟绿，冬的苍绿，一年四季的绿，千秋万代的绿，山溪飞鸟因此欢唱，男女老少流连忘返。和顺因为有了云龙山，就有了山魂水精树圣，我们有了云龙山，就能与那些长眠作古的县令知事、文人墨客对话交流。尽管我们与他们籍贯不同，衣着不同，职位不同，语言不同，但那种寄情于山，醉心于绿，忘怀于美的心相同。

云龙山是太行山巅璀璨的明珠，是和顺历史的自然载体，是和顺百姓的精神家园。

游云龙山，可解百岁忧，消尔万古愁。

注释：

[一]襄子，赵襄子，公元前四七五～公元前四二五年在位。一说赵王台，为后赵皇帝石勒避暑地。

[二]邵树本，号宾村，字立人，浙江杭州府钱塘县(今浙江省杭州市)人。乾隆十三年(一七四八年)进士，庶吉士、翰林院编修，江南道监察御史，乾隆二十四年至乾隆二十七年(一七五九～一七六二年)为山西学政。

[三]梁子国，即梁余子养的封地——和顺。

[四]赵王台，即后赵皇帝石勒曾在这里避暑时住过的地方。

[五]西溪，即云龙山，古称“西溪灵井”。

寒湖岭——满林霜叶丽于花

Han Hu Mountain ——Autumn forests surpass flower blossoms

绿色，是大自然馈赠给和顺的财富。在和顺两千二百五十平方公里的土地上，百分之三十四的面积被林木覆盖，其余的是连天芳草，无处不绿。寒湖岭，就是这绿色海洋中的一块无价翡翠。

寒湖，传说古代山间有一池塘，天未冻，先结冰，故名。寒湖岭全长十四公里，平均海拔一千六百九十五米。无论阴坡阳坡，皆是绿草青松白杨，乔灌杂处，层次分明。春天，杨柳枝条吐嫩芽，松树新绿换旧绿，残冰下河水刚苏醒，枯草间昆虫窥春色，红了的是桃花，白了的是杏花。夏天，溪鸣山涧，鸟啾树梢，蝶恋野花，风清气爽。秋

野花簇簇

曲径通幽

天，霜来层林尽染，松树的绿色更加成熟，杨树的黄叶随风起舞，最是那满山红叶，使行者如醉如痴，乐而忘返。冬天，任凭雪压风吹，青松傲骨峥峥，绿色不改，就是那凋零的草木，也不忘把最后的生命奉献给满山的牛羊，成为弱小动物御寒的天堂。色因四季换，景随地势移，以天然自然之长而魅力无穷。

然而，所有的美景只有人到情到时才能生动起来。明代陕西人和顺邑侯杨崧下乡到此，触景赋诗：

征途公役几番来，石路重重点翠台。
野鸟翩跹依树转，山花馥郁向人开。
清溪最好消尘思，佳木岂敢作樗材？
因忆十年窗下约，萧萧孤剑且深怀。

花开千树

那时的寒湖岭野鸟翩跹，山花馥郁，清溪佳木让杨大人感慨万千，发誓自己要做那孤且直的劲松，决不做那一无用处的臭椿木。乾隆三十一年（一七六六年），湖南善化人黄玉衡补任和顺县令，县志特别记载了此公的长相、学识和政绩：我公气度雍容，学问淹雅；刑清政简，训士惠农；礼接生徒，法绳胥吏；不烦不扰，父母斯民。同样的寒湖岭，在这么一位好官的眼里自是与杨崧不同：

高低山路踏晴沙，一水盈盈带径斜。
万壑烟光秋入画，满林霜叶丽于花。
羵羊牧惯村多畜，樵斧声喧地不哗。
我为勤民经远役，寒湖行处问庄家。

霜叶红于二月花

因黄玉衡看到的是金秋八月的景色，更因为黄玉衡是一位德能勤绩廉都过关的好官，所以他看到的满林霜叶比春花还美丽，听到的牛羊叫声和空谷樵声似音乐般动听，问到的是寒湖村农民的收成如黄金般珍贵，发出的自然是勤政为民的心声。

“年年岁岁花相似，岁岁年年人不同”。同样的寒湖景色，不同的人不同的心境，得到的是不同的主观感受。主观与客观的关系是哲学命题，我们旅游者最好不要背上这沉重的行囊，况且苏东坡在《前赤壁赋》中已给出了答案：“惟江上之清风，与山间之明月，耳得之而为声，目遇之而成色，取之无尽，用之不竭，是造物者之无尽藏也，而吾与子所共适。”

古人与今人的寒湖岭！我与你的寒湖岭！

海眼寺——桃园何必武陵溪

Hai Yan Temple —— Peach-flower Gardens exist not only along the brooks of Wu Ling

太行山雄伟壮丽，绝对是天下众山中的“伟丈夫”。但在太行和顺段，也不乏美丽迷人的桃园美景。海眼寺景区就是其中的代表。

海眼寺北魏石刻

海眼寺北魏石刻

海眼寺，位于东乡圈马坪村西，寺院宏大，香火旺盛，历代僧人不断，声名远播晋冀。

院内立于明弘治六年（一四九三年）的《重修石佛寺》碑文载：于成化十一年(一四七五年）十月二十日重修此寺……我太祖四帝一家之行即此寺。当时盛况：晨钟暮鼓，经声不绝，阐扬教典祀圣万寿于年，有生诸物，感享太平之福。可见，该寺与帝王的渊源。经历代修葺，现在的海眼寺规格严谨，气势恢弘，雕梁画栋，碑匾古树石窟水亭极具宗教和艺术价值。寺西建有圣母、药王庙。除寺庙外，海眼寺景区还有三大魅力：北魏石刻、海眼寺泉、流域景色。

海眼寺有价值很高的北魏石刻，分布于寺旁岩壁上的人工开凿的洞窟内。石刻内容为佛教人物，明尚书乔宇题字：石佛洞。窟内人物为石塑造像，总体特点是双肩齐挺，双腿正面平稳端坐或直立，头向上扬，头后有背光，面相圆润，高鼻深目，细眉长眼，身披贴身轻薄通肩大衣或半披肩袈裟，衣下半露体型，衣纹大都为稠密的阴线刻，表情庄穆严肃，较之云冈早期造像更具古朴、敦厚之风。特别是洞窟外壁上左右站立的侍者，体型宽大，身体内倾，表情微笑，勇猛威武，十分生动。和顺有许多北魏石刻，保存较好的如荣华寺的三尊石雕像，通高五点二二米，立于莲台之上，唇厚、目长、鼻高、体丰，与海眼寺坐佛一样一掌朝上，一掌朝下，气势雄健。香山寺也有三尊石雕佛像，风格与荣华寺佛像类似。这些寺庙大体创修于唐、宋或明朝，但造像风格仍不脱于北魏，可见北魏石刻的深远影响。和顺北魏石刻不局限于寺庙，从北到南，从西到东的山体崖壁上还有大量摩崖石刻。现存较完整的如沙峪套岩石刻，在高三米，长三十米的沙积岩岩壁上，刻有大小佛像六百余尊，铭文三十多条，佛塔一座。铭文载，佛像的造作始于北魏永安年间，完成于隋开皇三年至十年之间。最大的两尊菩萨立像，高一点四米，身段秀美、匀称，面庞丰腴圆润，衣饰纹理清楚，璎珞佩环历历可见。此外，散见

仪村石刻

荣华寺北魏石刻

于其他岩面上的还有大小不等的坐佛像、飞天像，飞天衣带飘飘，飞舞天空，很是美丽。另一处是仪村的卧佛石刻，风格也类似。

从云冈石窟到龙门石窟，北魏石刻由北到南，由粗犷到精细。和顺在两者中间，其石刻既有线条简练，古朴典雅的特点，也有表情生动，动作夸张的表现。北魏石刻与其政权共同南下的路径可见一斑。

由海眼寺的北魏石刻，又联想到和顺的方言。初听和顺方言的人，都认为有与大同话相似的感觉：鼻音重，入声多，词句也有不少相同的（当然在地域的格局和历史的演进中，和顺方言毕竟打上了深深的晋中、邢台的印记）。语言学工作者根据有无入声以及古四声在今方言里的演变情况，把山西话划分为六个方言区，把晋中分在中区，以太原方言为代表；把大同分在北区，以忻州、大同方言为代表。

有趣的是，研究山西文化的学者也曾经做过以下关于山西文化类型的分区：商贾文化区——即晋中一带；道教文化区——即山西西部一带；神话文化区——即晋东南一带；佛教文化区——即以五台山为中心的地区；边塞文化区——即雁北一带；耕读文化区——即山西南部临汾、运城一带。和顺属中区，方言却类北区的大同，和大同一样，众多的北魏石刻证明，和顺文化也属佛教文化区，而和晋商文化没有多大的关系。太行山从西北到东南，和顺在中间部分，北魏政权沿此线南下，所

仪村卧佛

到之处打下了深深的文化印记。

海眼寺泉，由断层切割上升泉群组成，从尺余大口喷涌而出，故名海眼。泉群涌水量丰水年每小时一千立方米，平水年每小时八百二十八立方米。

古志载：

> (海眼)寺西有水，从地罅出，初不过漂杵，继足以撼山。性清冽，又名清河。虽严冬经数里不冻，业水磨者实利赖之。

罅，即缝隙，从缝隙出来的泉水，开始只能漂起一根棒槌，过一段竟然有撼山之势，可见水量之大，所以，有不少人从事水磨之业。可以想见当时是多么美好的一幅画面。虽然我们现在已无缘再见其撼山之壮观了，不过“虽严冬经数里不冻”的景象至今犹在。寒冬腊月，千里冰封，万里雪飘，太行山之巅的海眼寺泉仍然雾气缭绕，源头一段绿草如茵，村妇洗衣，儿童嬉戏，白雪绿草清水，恍若江南水乡。我们那位昔阳邻居，明代尚书乔宇，对海眼寺也有生动的描写，读来让人眼馋：

> 万斛明珠地涌泉，茶经应载品通仙。
> 松萝上映峰头月，兰芷中涵沼内天。
> 兴到临流嗟逝者，歌成呼酒爱陶然。
> 兹游记取名铸处，嘉靖时维亥纪年。

海眼寺

此水，如万斗明珠从地下喷出，《茶经》应该记载，此水质可煮茶奉于仙人。水中的松萝映着山峰与明月，飘香的兰草在水沼中摇曳。在这样的河边，兴致到处感叹逝者如斯，高歌一曲淡酒一杯独享这闲适快乐。

海眼寺泉水从出口到松烟村与洪河汇合为东清漳河，南出和顺，该流域有不少秀山丽景，灌溉、养鱼、工业、旅游无不受其滋润。河南人苏宏祖，清顺治年间来和顺任知县，在任七年，卒于任上。他对和顺山水多有吟咏，在《海眼寺赞》中写道：

四园苍然抱招提，突兀灵泉路专迷。
乳色斜翻龙藏林，涛声直下海门西。
孤松谡谡天风涌，石洞阴阴古佛栖。

鹞黍相将堪卜缘，桃园何必武陵溪。

诗中给我们描绘了海眼寺流域多姿多彩的美丽景色：两岸青山，河堤层层，路随泉转，田园苍然。在密密的树林中，泉水翻起乳白色的浪花，像龙藏林中；滚滚涛声中滔滔河水直下海门。青松挺拔，天风浩荡，松涛阵阵；崖壁河边石洞阴阴，寺里窟中佛像安坐，鹞子和黍子有缘相伴，这样美好的地方堪比武陵溪畔的桃花源。

如今，经多方努力，海眼寺已恢复原貌，即将接上历史的佛缘，让人们再次听到晨钟暮鼓的声音。沿线正在建设牛郎织女和阳曲山两大景区，已建成了许村影视基地和农家乐服务区。海眼寺景区，依然是阡陌纵横，河网密布，水磨虽已退出，但虹鳟鱼养殖已有多年。当代诗人、作家杨治国有诗赞曰：

悠哉海眼寺，石窟佛灿然。
清泉冬不结，松涛四时喧。

——《和顺行》

秋风入叶黄，乘兴回故庄。
沿岸五谷熟，酣梦一夜香。

——《回卷马坪村》

阳曲山——太行岩岩，去天而近

Yang Qu Mountain—— Rocks, Rocks of Tai Hang Mountain, so close to heaven

太行岩岩，去天而近，登峰溢想，颉颃青云，搔首问天，一吐雄中之气。

这是清光绪年间和顺知县鲁燮光为重修《和顺县志》序中的一段话，极壮太行之高，登顶之畅，这就是太行山两千米以上高峰之一的和顺阳曲山。

阳曲山　又名首阳山，海拔两千零五十八点五米，全长十六公里，山下谷地与主峰相差一千米，森林覆盖率达百分之八十以上。传说其山产薇[一]，建有夷齐[二]庙，以伯夷、叔齐耻食周粟饿死在首阳山闻名。山下河谷纵横，溪流淙淙；山腰悬崖绝壁，溶洞相连；山顶宽阔平坦，苍松翠柏，绿草连天，云雾缭绕，气象万千，人称“阳曲云兀”。阳曲山景区，自下而上由峡谷、村落、溶洞、绝壁、森林、极顶和阳曲山保卫战遗址、避暑休闲山庄等部分组成。

村落　许村已成为华北著名的农家乐和影视基地，也是目

前和顺东部旅游的游客集散地。水滩村，村前稻田井然，河湖倒影蓝天，阡陌垂柳依依，俨然太行江南。马连曲村，背靠阳曲山半月形悬崖峭壁，壁上洞口星星点点，壁下核桃硕果累累，村庄大院雕梁画柱，村前漳河奔流而去。北地垴村，村在白云深处，仰视阳曲极顶，俯瞰太行群峰，梯田层层，绿树白云，天上人间。龙泉山庄，村庄古朴，寺庙精巧，亭台楼阁，曲廊水榭，山珍野

阳曲山以其二〇五八米的海拔成为太行群峰中的“美男子”

菜，弦腔演出，是避暑胜地，也是大学生写生实习基地。

峡谷　有高山必有深谷，谷深必聚溪流。如果说阳曲山是玉立的少女，那么数不清的峡谷就是少女身上飘逸的裙褶，缀满了山花，流动着溪水，欢叫的是鸟儿，陶醉的是游人。

阳曲溶洞　悬崖绝壁中洞里有洞，既有南方溶洞以钟乳石为主的特点，又有北方溶洞怪石嶙峋的特质。现开发的一洞，洞

绿树石屋　阳曲人家

缅怀先烈

形成于三亿年前的阳曲山溶洞

口状若阁楼，进入即有广场，瀑布飞流直下，洞内有“玉皇登基”、“猴子观月”、“天女散花”、“群羊漫坡”等无以计数的景观。洞内最高七十余米，中有巨石盘龙卧虎，壁如图画恢弘壮观，脚下曲径上下盘旋，实为北方罕见奇观。

阳曲极顶　阳曲山层峦叠嶂，山、垴、梁、岭、崖、背、寨等共同演绎了一曲太行壮歌，一路向上收缩为阳曲极顶。人在顶上，但见四岭环峙，群山盘曲，林中野兔奔跑，风中百鸟歌唱，伸手能揽飘飘白云，极目可见河北山川，人在此巅“以自抒囊括天地，睥睨一世之慨，亦丈夫得志于时者之所为乎！”

阳曲山保卫战　一九四三年，八路军一二九师总部供给部长杨立山带领警卫部队一百五十人由左权向和顺转移，被日军三十六师团围困在阳曲山上，坚持一昼夜，毙敌三百人。在弹尽粮绝，只剩六人的情况下，他们怀抱枪支，跳下悬崖，除一名女战士被灌木架住得以生还外，其余六人全部壮烈牺牲。

集休闲度假避暑红色旅游为一体的阳曲山景区已初具规模。

注释：

[一]薇，一种观赏小乔木。

[二]夷齐，伯夷、叔齐，商代孤竹君之子，以禅让称贤，以耻食周粟为忠，为历代所尊崇。

太行断裂带风光——严关千仞古今宜

Landscape of the broken ridges at Tai HangMountain ——A solid fortress and a thousand cliffs stand fast in past and present

亿万年前，伴随着造山运动，诞生了新华夏系构造体系的第三隆起带，在古老的变质岩系上，沉积了由上元古界至中生界早期近五千米厚的沉积岩层，这就是我国地形第二到第三阶梯的分界线——太行山。太行山，《列子》称"大形山"，意大利人

太行山典型的断层构造

太行山大断裂带的壮丽风光

马可·波罗所著《寰宇记》称“皇母山”或“女娲山”，汉书地理志始称太行山，其含义南宋崔伯易《感山赋》曰：“上正枢星[一]，下开冀方[二]……起为名邱，妥为平岗，其名太行”，《地括志》称其为“天下之脊”。和顺就在“巍乎甚尊”、“天下之脊”的太行山中段的巅峰。

太行山在和顺境内全长三十七公里，向东依次为太行山余脉、华北平原，相对海拔高差一千八百多米，为晋冀天然分界。从春秋战国到抗战胜利的两千多年间，太行山上烽火不息：秦昭王曾以此“威天下”，汉高祖以此“得天下”，汉刘秀以此“复天下”，魏武帝以此“争天下”，唐太宗以此“并天下”。在这为天下而战的恢宏史诗中，太行山和顺段因扼晋冀要冲，锁东藩门户。明洪武至万历三百年间，修筑长城十八次，逐次建立了九个边防重镇。其中太原边，治所在偏关，经老营、宁武、雁门、平型折而向南，中经龙泉、井陉、固关到和顺县黄榆关，留下了“形险道冲、边墙一道”，四个关隘、六座城堡，栈道、营房、墩台、烟墩不计其数，无论是东下赵国国都邯郸，还是北上明京都北京，和顺都是防卫较完整的屏蔽体系，堪称“陵京锁钥”。这些残存遗址极具旅游开发价值，二十世纪八十年代，中央电视台《望长城》

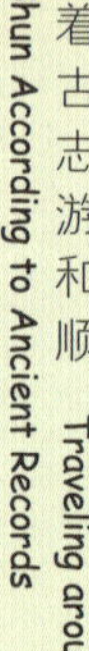

剧组曾来此拍摄。从南到北，主要风景点有：

夫子望日　传说孔夫子周游至此，故名。有明代内长城垣壁、城堡、墩台、烽台遗址。山势险峻，最高海拔一千九百七十一米，为观日出之佳地。

走马槽　传说黄巢起义军驻扎处，又名黄巢寨。走马槽风光独特之处在于它的对比性：站到山西太行山顶，脚下是河北群山河川竞秀，一面是平缓山坡，一面是悬崖绝壁，山上凉风习习，山下酷热难耐，山上庄稼已收，山下一片葱绿，山上蓝天白云，山下云蒸霞蔚。中国作家协会会员、晋中作家协会常务副主席杨治国有诗赞道：

走马东望万里遥，莽莽太行擎九霄。
峰悬千仞壮古今，云怒一浪卷巨潮。

走马槽景区风光

孤峰擎天

铁铸雄关定三晋，气贯长虹吞燕赵。
放眼人间道沧桑，水泊何须笑黄巢。

董坪岭　是晋冀两省通道的又一重要隘口，现为晋煤出省的主要出口之一。岭上有明嘉靖年间长城旧址，门洞上镌“支锅形胜”四字。登临长城，看关山重重，孤峰直立，峡谷幽深，不觉荡气回肠，怀古之情，油然而生。河北省已在与此毗邻处建成九龙峡旅游景区。

黄榆古戍　明长城城垣故址以及关门墩台尚存，为名垂山西史册的重要关隘之一。明和顺知县周钺有诗赞曰：

山形秋色势相宜，自古乾坤险是奇。
……

一夫隘口身无敌，匹马峰头力欲疲。

邑侯刘顺昌也有：

严关千仞古今宜，遥望黄榆分外奇。
老树扶疏高燕雀，残碑磨灭隐龙螭。
秋风陨萚来偏早，朝日开轮度每迟。
自此一夫能守险，将军何必过忧疑。

七百多年前，我国金朝最有成就的作家和历史学家元好问有《黄榆岭》诗：

仙人台高鹤飞度，锦绣堂倾去无路。
人言马岭差可行，此似黄榆犹坦步。
……
石门木落风飕飕，仆夫衣单望南州。
皋落东南三百里，鬓毛衰飒两年秋。

姑岩天险　尺余宽的小径挂在千米高的太行绝壁上

姑岩庙鼓楼

此诗说马岭（和顺昔阳交界处与河北省接壤的又一关隘）还将就能走，但要比起黄榆岭的险要，那马岭就是坦途了。太行山之险要，关隘之险峻，行路之艰险，军人之艰难可见一斑。

姑岩天险　姑岩庙，系清顺治三年创建，有尼姑住持。立于上下绝壁之间，有一二尺宽的栈道相通，最险处仅有零点五米，人行其道，"仰首悬崖龛壁，俯视万丈深渊"。过之则可"平览山川之景，远收邢沙之光，左右层山朝拱，春来红花早见，足下众水灌地，秋后青苗又生"。如今，以姑岩天险为核心，以纪念八路军一二九师太行山浴血抗战为题材的龙口风景区已初步建成。

水帘洞　洞在绝壁半中间，深不可测，传说为鬼谷子度化苏秦、张仪之所。有泉水流出，由晋入冀，成为河北将军墓川的源头。明尚书乔宇有诗赞道：

石围沙堰绿渠开，万壑泉源出地来。
行岸田园资灌溉，傍山林壑映潆洄。
兰亭[三]暂拟流觞去，汾水还思鼓棹廻。
共说仙踪多古洞，总闻夜夜响风雷。

太行山大峡谷

黄巢寨曙色

和顺境内三十七公里的太行山断裂带就是一条雄伟壮丽令人叹为观止的风景线，以上景点是这条线上的一颗颗明珠。太行山大断裂带还有许多地方人迹未至,崇山峻岭、岩洞瀑布、军事要塞以及历史传说等,都是宝贵的可挖掘利用的题材。古老的太行山,是中华民族的英雄山,是中华大地的脊梁,是历史隆隆演进的大舞台。年轻的太行山,是大自然雄奇壮美的完美展现,是它的大山子民的精神家园,是和顺建设生态旅游名县的不尽资源。

注释:

[一]枢星,北斗七星第一星,又称天枢星。

[二]冀方,古泛指中原地区。

[三]兰亭,在绍兴西南兰渚山上,永和九年(三五三年)王羲之、谢安等游于此,王羲之作《兰亭集序》。

麻衣寺和石勒村——每睹残碑惜斜晖 Ma Yi Temple and Shi Le Village —— Observing the ancient ruins of past glory in sunset

和顺不仅具自然之美，人文历史同样辉煌。在和顺历史上：春秋赵简子建平都城（今仪城）；战国赵将赵奢与秦将王翦战于阏与邑（和顺）；燕将乐毅[一]被燕王逐出后隐于和顺马坊乡（所居之村后名乐毅村）；刘邦派韩信在这里擒夏说[二]破代军；后赵皇帝石勒躬耕于野与李阳争沤麻池；隋末杨广与李渊交战于清漳河畔；唐僖宗用李克用镇压黄巢起义，被封晋王，和顺有晋王寨、黄巢寨……所以和顺古志云：

赵匡胤手书“第一峰”

盖闻仰高山者，动吊古之思；怀秋水者，深伊人之慕。大抵人因地古，地以人传，此旧国千年，荒域四望，江文通[三]所以作赋也。和虽僻处晋鄙，然太行耸峙，清漳交流，亦足称一邑之胜。他若关隘之奇险，邱墟之高封；以及赵王之台（后赵皇帝石勒在和顺避暑处），艺祖（宋太祖赵匡胤）之像；东魏造像之碑，麻衣归真之塔，何一非考古者尚论之资哉！

在和顺县城北五里，有麻衣道人居住和著书处、麻衣道人冢（即归真之塔）和麻衣寺。麻衣道人，以好穿麻衣而名，著有《麻衣相法》。《麻衣相法》是我国相书史上一部具有总结性的划时代著作，集前代相书之大成，最终奠定了相术学的理论体系。九五四年四月，宋太祖赵匡胤在征讨太原刘钧北汉小朝廷途

石刻赵匡胤靠像

麻衣道人墓碑拓片

中,到此拜访麻衣道人,麻衣道人不见好战者,赵匡胤只好祈祝曰:此行志在吊伐,不戮一民。现在在山顶巨石上还存有赵匡胤御笔"第一峰"三个大字和他的石刻靠像以及麻衣道人著书的石室。对此,和顺的县令们多有吟咏。明周钺有:

神僧此地事精修,宋祖当年誓遏刘。
金甲抛来无臣榻,麻衣着去不回头。
北安香火虚千载,南度衣冠阕一邱。
雨后登陴频怅望,极天芳草正悠悠。

清刘顺昌有:

廓外招提山经修,天台此日又逢刘。
人知麻敞衣藏玓,谁信雨过石点头。
和尚灯传存古衲,寺门云锁即丹邱。
曾闻宋祖勤祈祝,赫濯任何久且悠。

麻衣寺石窟

如今，麻衣寺遗迹犹在，传说依然动人，风光依旧美丽，正如清和顺知县刘洪辟诗言：

重阳佳节此登台，城北山头策马来。
胜景麻衣经雨洗，晚香黄菊傲霜开。
萸簪异地偕兄弟，石佛残碑剔藓苔。
遐举莫忘高处险，倦还一醉泼新醅。

民国和顺知事张夔典的诗中评论道：

入山寻寺访麻衣，修炼名成古亦希。
谈道明君无片土，燃灯和尚有余辉。
化身常反招提伴，避俗知留姓氏非。
香火年年传盛祀，每睹残碑惜斜晖。

赵匡胤虽然是一代明君却没有留下片土，而燃灯著书的和尚却余辉永照，只可惜晚霞映照中只剩下残碑断垣了。可喜的是，麻衣寺景区和寺庙正在由陈来贵先生投资恢复重建，我们对麻衣相术的态度也客观了许多，在追求人与自然和谐的今天，麻衣道人的思想能给我们以更多的帮助。

后赵皇帝石勒，出生地、墓地是最有争议的，有榆社说、和顺说、武乡说等。但有一点可以肯定，石勒曾在和顺北乡（今石勒村）居住过。县志载：

石勒本羯奴，少游洛阳，依上东门长啸。王衍[四]惊云，此雏有异志。勒遂遁去。来寓于和之北乡，以农为业，史称勒耕于野。

石勒是羯族人，少年时在洛阳曾依上东门仰天长啸。王衍大吃一惊说，这个小儿有异志。石勒大志被人识破，只好跑到和顺北乡躲避起来。《晋书》载：

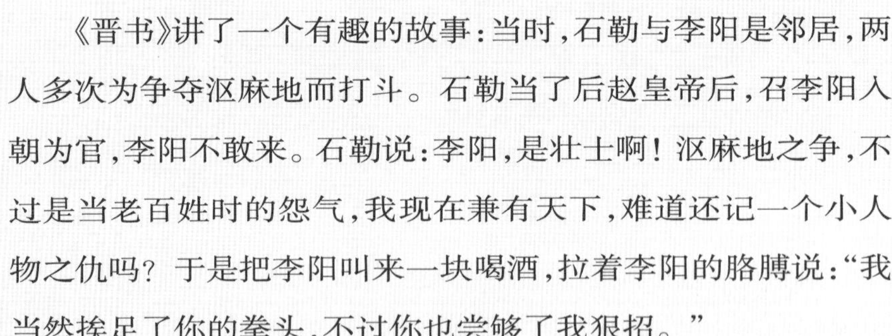

史载石勒"躬耕于野"所生活的村子——石勒村

> 初，勒微时，与李阳邻居，数争沤麻池相殴，阳由是独不敢来，勒曰："阳，壮士也；沤麻，布衣之恨；孤方兼容天下，岂仇匹夫乎！"召与饮，引阳臂曰："孤固厌卿老拳，卿亦饱孤毒手。"

《晋书》讲了一个有趣的故事：当时，石勒与李阳是邻居，两人多次为争夺沤麻地而打斗。石勒当了后赵皇帝后，召李阳入朝为官，李阳不敢来。石勒说：李阳，是壮士啊！沤麻地之争，不过是当老百姓时的怨气，我现在兼有天下，难道还记一个小人物之仇吗？于是把李阳叫来一块喝酒，拉着李阳的胳膊说："我当然挨足了你的拳头，不过你也尝够了我狠招。"

三一二年，石勒称赵王，建都襄国（今河北邢台西南），三三〇年，称皇帝，史称后赵皇帝，李阳被任命为参军都尉，至今和顺有南北李阳村、上下石勒村。石勒、李阳村仍存"李阳故里"、

“麻池胜迹”的古匾。不管石勒是哪里人，但“勒耕于野”在和顺，且发生过许多感人的故事，应是不争的事实。清和顺邑侯苏宏祖有感于此，写下《李阳村》一诗：

千秋尚有李阳村，
落日西风吊古魂。
毒手遂成逐鹿事，
老拳终却沤麻盆。
深山何处龙鳞卧？
故垒萧然燕雀村。
池上英雄今已去，
年年池水为谁喧？

“深山何处龙鳞卧？”因为是适宜隐居便于出击的太行山，是风光优美糠韭自安的修炼地。

石勒问佛图（张大千绘）

“年年池水为谁喧？”为古今英雄的胸怀和故事，为和顺这块古老而又年轻的热土！

注释：

[一]乐毅，战国后期杰出的军事家，拜燕上将军，受封昌国君，辅佐燕昭王振兴燕国，后避祸于和顺马坊乡。

[二]夏说(yué)，秦汉时期代国国相，在韩信攻赵时被俘。

[三]江文通，即江淹，字文通，南朝著名文学家，有《江淹集》传世。

[四]王衍，西晋大臣，出身名门望族，容貌俊雅，才华横溢，历任北军中侯、中领军、尚书令、太尉等高官，被封武陵侯。

合山奇泉——旋渴旋流谁使为

He Mountain's miraculous spring ——What makes it once dried and then flowing?

环和顺皆山也。东去县三十里许，诸峰林壑尤美，望之蔚然而深秀者合山也。山之麓有神庙，额曰：懿济[一]圣母殿。东南隅又有其弟，显泽侯神祠。殿前水声潺潺，泻出于其间者，神泉也。

这是大明嘉靖元年（一五二二年）三月《改建合山庙钟楼

合山懿济圣母庙与显泽侯祠

庙前木牌坊，正面书“懿济圣母庙”，背面题“显泽侯神祠”

记》中的一段话。懿济圣母庙和显泽侯神祠建筑群始建于宋代，元代重修，建筑风格集宋元特色，格局规制严谨，节点布置活泼，具有较高的历史和艺术价值。

《县志》载：合山，山名。下有二泉，一名娘子泉，清流湍激，远近十数村汲饮。一名郎君泉，不时而出，出时声吼泉涌，有“合山奇泉”之咏。敕建懿济圣母、显泽侯二祠。这里提到的两座庙宇的主人是姊弟神，院内大元至元五年（一二六八年）的碑上记载：（懿济）夫人者，昔枢姑氏（古代部落首领，颛顼[二]之母）之女，懿济夫人有柔

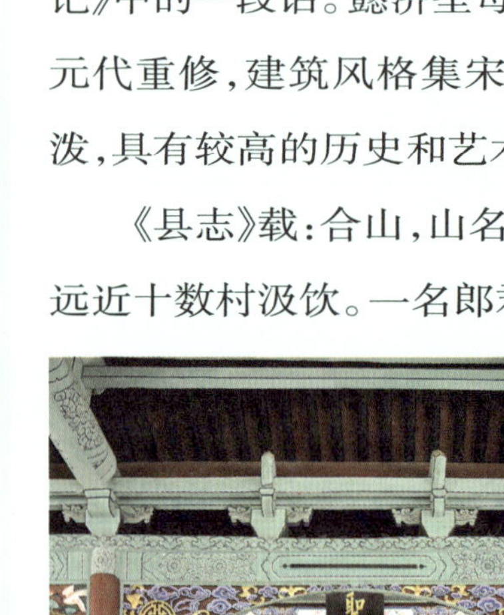

懿济圣母殿

懿之德，殁后为神，其弟侯能兴云致雨，润泽生民。明嘉靖十六年（一五三七年）碑载：合山有神焉。其冠披而贞静者懿济夫人，其冕旒而严毅者显泽侯，盖姊弟也，封号始于宋。宋太祖建隆年间建庙，享以祭祀。

明洪武年间重修合山神庙碑的精美石雕

合山，是自然灵秀之地。庙后是聚宝松峰，四周有三十六个山头汇合，恰若三十六条蛟龙。合山也是诸神佑民之所，懿济圣母庙中有：生育之神懿济圣母、护法之神白龙、阴府之神张太尉、镇山之神王灵官。显泽侯神祠中有：万能之神大王爷、生财之神财神爷、管地之神土地爷、驱蝗之神虫王爷、地狱之神阎王爷。合山从古至今传说众多，而且与时俱进，其主题大都是伸张正义和爱国佑民。

五百多年前的一个雨后的春天，明朝官至国子监祭酒的和顺人王云凤与当地父老来合山拜祭懿济圣母和显泽侯，对合山景致有精辟的描述：

四月清和雨霁时，来携父老拜神祠。
檐前燕雀多新垒，桥畔松楸只故枝。
环抱东西南北合，周回三十六峰奇。

灵泉几突经今古，旋渴旋流谁使为？

王云凤是明史记载的大学问家，这首诗中他认为三十六峰回头是“奇”，泉水夏秋间歇流淌是“灵”，也就是说，合山有奇峰灵泉，并在结尾提出了一个千古设问：泉水一会出，一会又倒流回去，到底是谁让它这样的呢？传说中的答案有圣母仙气说、赑屃[三]流泪说等。从自然现状看，下面的娘子泉四季长流，上面的郎君泉却是间歇性流淌，确为自然之“奇”。一般情况下随降雨量大小决定出流的时间和流量，多在夏秋雨季。先是庙下洞口现水，水位缓缓上升，继而清流涌出，随后奔涌直下，声震四野，几十分钟或数小时后水量减小，由于地势原因洞口前几米内呈倒流之势，最后没入神秘的大山怀抱，如此循环，在期待和

合山神庙禅房院

合山景区出土的铁人

震撼中吸引着观水的人们。是谁主宰这天下奇观？其实，科学的解释早已有之，但是对于有七情六欲的人而言，宁可相信有圣母在天护佑，以泉水为语言表达对善恶的态度。

而我更倾向于王云凤五百年前的观点，叫它合山“灵泉”。二十世纪八十年代以前，村民（现在的）只闻其名，未见其实；一九八六年抢修木牌坊，泉水复流，年有年无；一九九二至一九九六年全面维修，之间年年出流；二〇〇二年，开发利用泉水，解决人畜吃水问题，复出。不同的是，近年来的几次出流，打破了夏秋雨水充沛的时间局限：二〇〇四年整修庙宇，时已十一月，财神塑像刚刚立起的当晚水出，第二天人们发现水沟内积冰溢出沟沿；二〇〇五年旅游节出流为秋末；二〇〇六年农历二月初一，笔者曾随县主要领导来到合山，领导和专家现场初步规划在东边山上修建懿济圣母像，刚刚离开半个多小时，泉水出流。之后，合山景区建设速度加快，二〇〇六年五月二十五日，合山庙宇群被列入国家级文物保护单位；二〇〇八年县政府投资千万元修通通合山景区十二米宽的公路；二〇〇九年又投资六百万元对合山村进行山水林河以及全村环境的综合整治，懿济圣母像和华夏母亲广场同时也在建设中。

“旋涡旋流谁使为？”本是自然的造化，更需人类的呵护，只

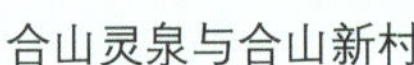

合山灵泉与合山新村

有与自然和谐相处，才能有灵泉永经今古。不知当年身居庙堂之高、常思家乡之风物的王云凤大人对这样的答案可否满意。

注释：

[一]懿济，懿，多指女子美好的德行；济，对人加以帮助。

[二]颛顼(zhuan xu)，传说中的上古帝王。黄帝之孙，年十岁，佐少昊，二十即帝位，在位七十六年，为“五帝”之一。

[三]赑屃(bì xì)，传说中的一种动物，像龟。旧时大石碑的石座多雕刻成赑屃形状。

王云凤——要争气节到先生

Wang Yunfeng —If you seek uprightness, see this gentleman

旧《和顺县志》卷之十为“艺文”篇，收录诗文、序、跋共一百四十六篇（首），其中有王云凤的诗文十七篇（首），别人写王云凤的八篇，足见其在和顺历史上的地位。

王云凤何许人也？

王云凤是封建社会和顺离皇帝最近的人。王云凤（一四六四～一五一八年），字应韶，号虎谷，青城镇前虎峪村人。十九岁中举人，二十岁登进士（明成化二十年〈一四八四年〉）。先授礼部主事，转员外郎，弘治九年（一四九六年）迁祠祭郎中，弘治十年（一四九七年）因弹劾太监李广，被李广、刘瑾[一]诬陷下狱，次年三月被谪陕州。弘治十二年（一四九九年）任陕西按察司佥事，奉敕提督陕西学校。正德元年（一五〇六年）为山东按察使。正德四年（一五〇九年）为国子监祭酒，历宣府巡抚。后无意仕途，辞官归，居家著述，正德十三年（一五一八年）七月病逝于和顺老家，终年五十四岁。

王云凤是名垂史册的一代廉吏能臣。他从政三十余年，历

明代尚书王佐与其子王云凤墓

经成化、弘治、正德三朝，完美地实现了自己奉行的“修身齐家治国平天下”的人生理想。明朝这三代是一个宦官横行的时期，在与宦官斗争的队伍中，王云凤也算一面旗帜。明史载，王云凤做京官时，“耿介独往，足不蹑公卿门。尝上疏却吐鲁番贡狮、禁度僧、传奉诸事。又乞斩权阉李广，为其倾陷下狱”。在锦衣卫的大狱中，他题诗于壁：“成败付天谁可睹，忠贞在我自须坚。”后经朝臣申救，谪知陕州，卓有政声。《和顺县志》诗集部分开篇即为王云凤去陕州前夕，他的朋友同僚在灵济宫为他送行的联古句。送行的人中就有时任吏部尚书的昔阳人乔宇、礼部尚书毛纪、工部侍郎何孟春、吏部侍郎储瓘、户部侍郎邵宝等一帮反宦官大臣。储瓘开宗明义，“中年苦作别，况此平生游”。邵宝说，“壮哉烈士志，难与俗子谋”，毛纪说，“一笑送君去，天未生清秋”，当时场面历历在目。王云凤提督陕西学校，“教人先德行、

后文艺”，“学政肃清，三秦风动”，判案时“口讯手判，仍应他务”，平冤狱，治民痛，兴水利，置学田，清廉为官，一心为民，离别陕州时，“父老拥舆号泣，如别慈母”。巡抚宣府时，“严明有纪律，边政振举，羌人畏不敢入”。“平生言动有度，处私室如在公庭，视民生利害若切于身，临生死祸福不苟趋避。太原名臣坊，公居第五。三立书院竖神位。河东三凤[二]，公居一焉”。他的门生、状元吕楠在《虎谷王公行实录》中评曰：虎谷先生，有作人化俗之文，有攘夷戡乱之武，有因时明礼之才，有援古修乐之具。给事中赵思诚在《吊王虎谷》中评曰：学政昭明秦日月，文章吞吐晋山河。

王云凤是学传古今、道期圣贤的学者贤哲。吕楠在《虎谷王公行实录》中记载：先生“少年趋向之正，即异流俗。长益刻苦自厉，颖悟出群。六经百家言，一诵辄不忘，文章顷刻立就。二十登进士”。“先生负经济之学，以尧舜君民为心”。“天资豪迈，状貌魁异；智识卓越，器度宏远。博学力行，以圣贤为标的；居无惰容，自少至老如一日”。“理明义精，视国家生民利害，痛切于身；遇事敢为，机动矢发无留碍”。“忧国之诚，老而弥笃。或杖竹于门，跨犊于野，不改布衣时行旅。农夫见者叹息，有曰：此人入朝，天下受福”。“有父在，一衣不私制，一钱不私蓄”。王云凤“于书无所不读，尤邃性理之学，书法真、草、隶、篆，自成一家。端劲如其为人，四方人多求之。诗赋也清奇古雅。王云凤在提学陕甘时，提出了著名的教育培养人才的要领，分别为“五要肃士心”、“十容饬士身”、“十有一行正士教”、“九戒敦士礼”、“二十有一

王云凤墓地石马

过禁士愆”、“十政以收士”等。现在读来，也很有借鉴之价值。所著书有《小学章句》《博趣斋稿》《读四书札记》若干卷，有《虎谷集》行世。总之，王云凤“为学守敬义，事君秉忠诚，功业树中外，声名满朝野。道德、文章、政事，皆可拟古人云”。

王云凤是一个眷恋家乡和顺不忘父老乡亲的至孝之人。他曾在《虎谷》一诗中回忆自己家乡虎峪村的风情：

深山草木稠，结庐向西敞。
尽日无人至，禽鸟互来往。
读书心力倦，手曳青藤仗。
出门何所之，独坐磐石上。
山头白云生，我心自萧爽。
田夫驱犊来，喜道桑麻长。

王云凤在他的诗文中无数次提到和顺，在《送和顺县刘大尹序》中对家乡和顺的认识更是上升到一个新的高度：

吾邑和顺者，其境僻，无监司可否异同之夺；其俗淳，无豪猾争论词讼之忧；其地近而事简，无车马将迎案牍丛脞之苦；其民贫而用啬，无衣食糜丽僭拟世禄之患。故往时之君子，唯以赋贡不时集为念，余则皆优游宴笑之日也。

他认为和顺虽然地处偏僻，但山高皇帝远，上级干扰少；和顺虽然百姓老实，但风俗醇厚，社会稳定官司少；和顺虽然地方小事情少，但迎来送往的麻烦也少；和顺虽然贫困，但人们不会有奢侈之风；和顺除了财政收入不好完成令人愁烦外，其余的时间完全可以优游宴笑。他认为在县一级做官最好：事易专，令易行，力易为。对故乡的复杂心情从此可见一斑，对治县的独到见解更为精辟。王云凤晚年，数次"辞召命而不赴"，隐居家乡虎峪村，"以乐山钓水为饮食，以著书立言为耕桑"。可惜五十有四即逝。王云凤与乔宇同朝为官又是老乡，乔宇多次来和顺游历，旧时的"和邑十景"他都看过。两人的深情厚谊在《和顺县志》的诗文中随处可见。对王云凤的去世，乔宇万分悲痛，他在《祭王虎谷都宪文》这样说："讣音一至，我心堪伤"；"余与君谊切兄弟之分，情深桑梓之乡"。两人可为知音。乔宇对王云凤的脾气性格、为人处世、功业学就鞭辟入里：

君有高亢拔俗之操，而不知者或以为矫；君有焯厉惊人之才，而见嫉者谬以为狂。忠摧权奸，弗避雷霆之怒，教敷善类，化均时雨之祥。威震台柏，爱留郡棠。至于吟体法少陵之诗格，词宗踵西汉之文章。篆籀拟秦，隶分迈唐。

说不完道不尽的王云凤啊！

王云凤的父亲王佐，明成化十四年（一四七八年）进士，官至南京户部尚书，明帝给予很高评价：海深山高，月白风清，秋水寒潭，快刀利剑。王佐在任期间，从不给专权的宦官刘瑾行贿，刘瑾说：世言山西人吝啬，果然。王佐的胞弟王侃，以礼致仕，终秦府典仪，在京讲明仪礼，居官清洁有声。王佐逝后，明正德帝"敕修王尚书坟"，之后，王佐父王义，子王云凤同墓。和顺乡贤祠堂祭祀共十个人，王佐、王侃、王云凤就有三人。

王佐祖孙三人的坟墓，位于前虎峪村西三里处的石门峡山北麓，坐北朝南。立坟四顾，气象不凡：左为排牙山，右为挂榜山，前为扯旗山，后为帽盒山。坟头建三门石坊一座，正门横梁刻"敕修王尚书坟"，侧门刻"正德十年四月一日"。两旁分列石人、石马、石猪、石羊等石像生。整个墓地占地一万七千四百八十平方米。王氏父子墓地极具开发价值：一是他们的名气大，传说颇多；二是墓地基本完好；三是《虎谷集》尚存国家博物馆；四是历代文人官吏吟诵王云凤的诗文不少等等。正如清和顺县令鲁燮光诗《谒王尚书总宪二公墓》中所感：

松风谡谡墓门清，前后村传虎谷名。
掉楔褒题贤父子，衣冠捱接古公卿。
事贤转眼居邦晚，论世弥深尚有情。
泉壤有灵应匡我，要争节气到先生。

注释：

[一]李广、刘瑾，均为明弘治年间的大太监，怂恿弘治大兴土木，藏奸纳贿，把持朝政若干年。

[二]河东三凤，指明成化、弘治、正德三代时的三位山西籍大臣。除和顺王云凤外，还有官至南京礼部尚书、兵部尚书、北京吏部尚书的乐平县(昔阳县)人乔宇，官至北京户部尚书、吏部尚书、南京吏部尚书的太原县(今晋源区)人王琼。因山西在黄河以东，故称河东。

牛郎织女——纤云弄巧飞星传恨

The Cow Herd and the Weaving Maid

——A lacework of clouds depicts coincidence; shooting stars tell of regret

牛郎织女的故事，小时候常听大人讲，晚上望着那条白白的银河，却怎么也找不到喧闹的喜鹊，只看见两颗闪亮的星星，深情无奈，隔河对望。高中时看了黄梅戏电影《天仙配》，觉得这神话故事就发生在安徽那棵大槐树下。大学时读了宋代大词人秦观的《鹊桥仙》："纤云弄巧，飞星传恨，银汉迢迢暗度。金风玉露一相逢，便胜却人间无数。柔情似水，佳期如梦，忍顾鹊桥归路。两情若是长久时，又岂在朝朝暮暮。"觉得仙人一年一会，比饮食男女天天在一起更有意思。农历七月初七牛郎织女相见这一天，被大家誉为中国的"情人节"，于是上网一查，才知道在中国四大民间传说中，"梁祝"与宁波、杭州、宜兴有关；"孟姜女"与长城对

"鹊桥相会"（木刻版画）

南天池天河梁

应;“白蛇传”与西湖、金山寺相连,唯独“牛郎织女”无着落。既然无着落,就有学者通过考证给他俩找户口,已有河南南阳、陕西西安、山东沂源等说法,还有山西和顺。

中国民俗学会会员陈玉明对牛郎织女传说地做出了自己的最新论证,他认为,牛郎织女传说地在太行山,具体位置在太行山中段,以和顺县天河梁为中心,方圆二十公里范围的晋冀交界处,即山西省和顺县与河北省邢台县接壤一带的天河山。和顺县委书记侯文禄到南天池考查后认为,松烟镇版图上有牛郎峪、南天池、天河梁、磨子(簪)峪等一系列与牛郎织女传说有关系的地名,牛郎织女的故事当地老百姓代代口口相传,所有要素都能落实到具体地点,如此种种,必有文章。之后,和顺打

情定南天池

造中国爱情山的工作随之展开。

由于工作关系，我随领导或专家多次实地考察，从自然地理的角度看，从海拔一千二百米的牛郎峪村到海拔一千九百米的天河梁，可分天上人间和人间天上两个地域。在牛郎峪村仰望，云雾中两峰间夹口有一石门或隐或现，此门为南天门。登峰过门，豁然开朗，在海拔一千六百米以上的太行山顶上，竟然有一处世外桃源。但见，青松挺拔，芳草连天，野花醉眼，云雾缭绕，中有一村，石房石街，古树参天，村姑耕夫，古朴陶然，这就是天上人间——南天池村。过村南行数百米，有托塔李天王石塔。再南行百米，一棵巨大的灌树下，一池碧水悠悠，这就是织女洗澡的地方了。水从树下山岩中渗出，四季不断，池满溢出，

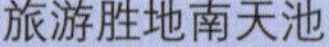
旅游胜地南天池

传统年画《牛郎织女》

飞流直下，由晋入冀，一路歌唱，一路诉说。村民说，原来池边的一排岩石上也有水渗出，形成水帘，是织女淋浴的地方。牛郎躲在古树后，拿走了织女洗澡时挂在树上的红裙子，之后的故事妇孺皆知，千古传说就此诞生了。现在有粗如手臂的红绿二蛇，日夜守护着天池。

天池所傍的就是人间天上——天河梁了。天河梁为东南——西北走向，海拔近两千米。夏季云雾终日笼罩，可望而不可见，可想而不可近。虽然星移斗转，银河四季走向不一，但是，每年的七月七，云雾尽散，万籁俱寂，银河与天河梁走向吻合，天上与人间亲密无间，牛郎与织女银河暗度，此时此地你才能真正理解什么叫“纤云弄巧，飞星传恨”，什么叫“金风玉露一相逢，便胜却人间无数”。

毕竟柔情似水，佳期如梦，王母娘娘石上磨簪，将他们划河而置，留下“磨子(簪)峪”。二郎神劈山留痕处，现今叫二郎峡。

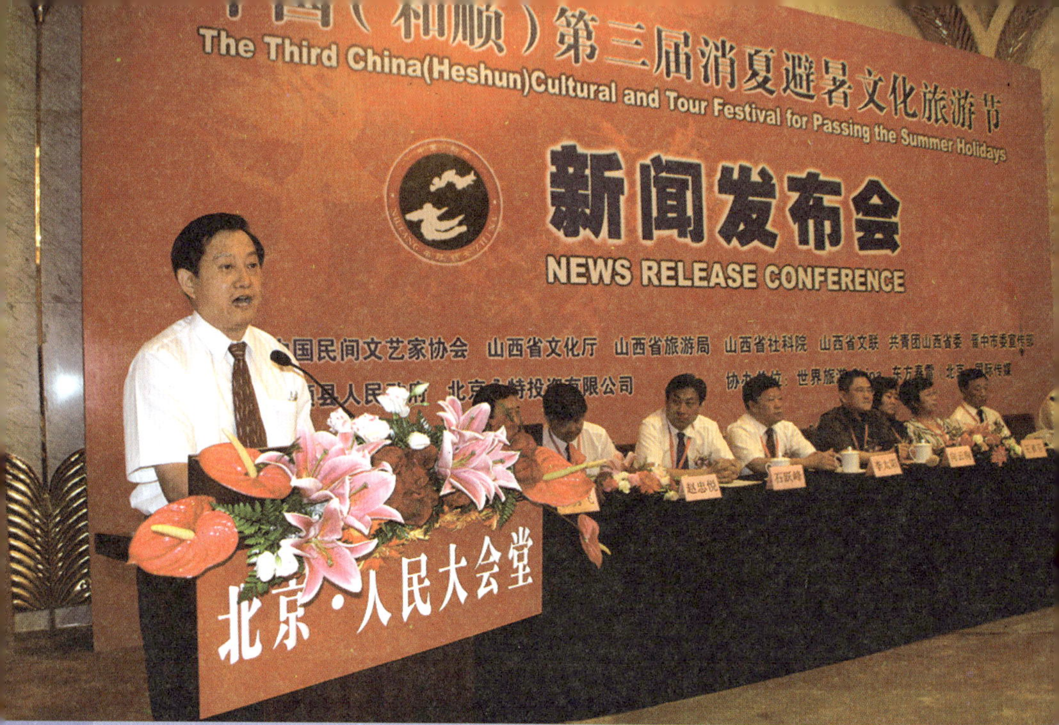

中国(和顺)消夏避暑文化旅游节新闻发布会

人神大战后抢走织女，现在那满坡怪石处，就是当年的战场。

之后的大事，国人皆知：

二○○六年十二月十三日，和顺被中国民间文艺家协会命名为“中国牛郎织女文化之乡”；二○○八年六月七日，和顺牛郎织女传说，被国务院列入第二批国家级非物质文化遗产名录。

二○○七年至二○○九年，和顺连续举办了三届牛郎织女文化节。由印青作曲、任毅作词、谭晶演唱，专为和顺创作的歌曲《忠贞》问世。以南天池、牛郎峪一带为中心的牛郎织女核心文化景区正在打造之中。

二○○九年十月二十八日，在全国第二届“节庆中华奖”上，中国和顺牛郎织女文化节荣获最佳文化传承奖。和顺——牛郎织女文化之乡，已成为山西省晋中市八大文化品牌之一，

首届中国和顺牛郎织女文化节

“牛郎织女”扇面（吴湖帆作）

五十年代的年画《牛郎织女》

中国牛郎织女文化之乡—山西和顺

七夕节，在牛郎织女故事发生地“原缘源”举行的传统婚庆活动

闻名全国，走向世界。

有多少好山河，就有多少好故事，有多少好儿女，就有多少好传说。千百年来，孕育在“和”与“顺”两个字中的精髓，就蕴涵在这美好山河与美丽传说中，就铭刻于牛郎与织女的子孙心中。

请您攒足了浪漫，怀揣着梦想，来和天顺地的天河梁上圆梦吧！

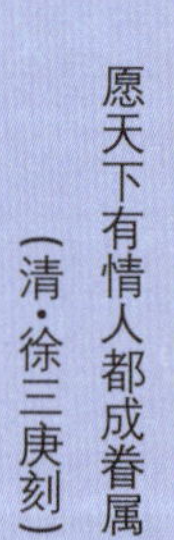
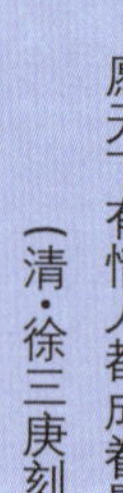

愿天下有情人都成眷属
（清·徐三庚刻）

文化和顺——天和地顺人和事顺

The cultural city He Shun

——Heaven and earth in harmony, harmony between man and his fortune

陆机曰：笼天地于形内，错万物于毫端。刘勰曰：百年影徂，千载心在，久之大业，孰过于文哉？一本薄薄的和顺古志，凝结了无数人的心血，记录了和顺人的“千载心在，久之大业”。但修志者也说：唯缀文之士，操觚染翰，卷盈缃帙，使遗而弗纪，致憾

欧阳中石先生为云龙公园题“龙”字刻石

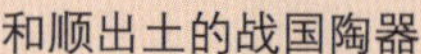
和顺出土的战国陶器

和顺出土的新石器战斧

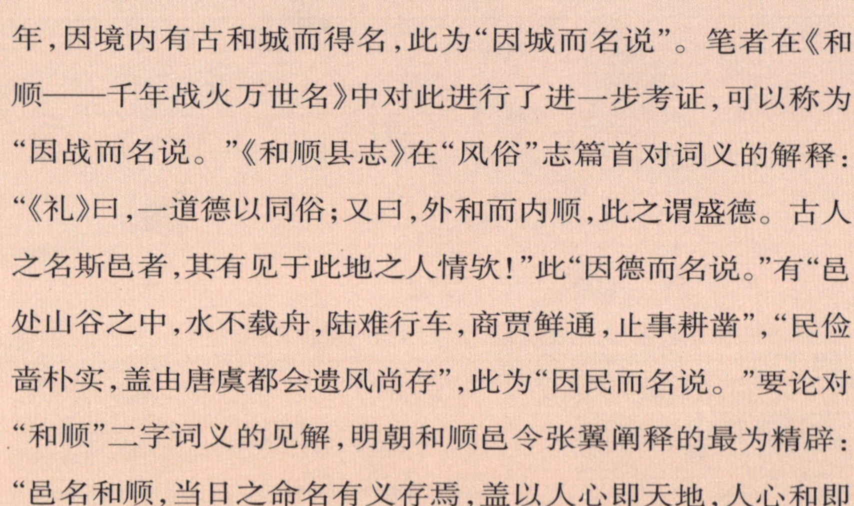

无穷！在陶醉于古志隽永的文字，徜徉于美丽山河的同时，还是感觉到了古志的“遗”和“憾”，那就是对文化特别是民间（群众）文化等记载的缺失，在这一系列文章结束的时候，文化应该是最后的主角。

和顺县名的文化内涵。古志载，和顺现名，始改于隋开皇十年，因境内有古和城而得名，此为“因城而名说”。笔者在《和顺——千年战火万世名》中对此进行了进一步考证，可以称为“因战而名说。”《和顺县志》在“风俗”志篇首对词义的解释：“《礼》曰，一道德以同俗；又曰，外和而内顺，此之谓盛德。古人之名斯邑者，其有见于此地之人情欤！”此“因德而名说。”有“邑处山谷之中，水不载舟，陆难行车，商贾鲜通，止事耕凿”，“民俭啬朴实，盖由唐虞都会遗风尚存”，此为“因民而名说。”要论对“和顺”二字词义的见解，明朝和顺邑令张翼阐释的最为精辟：“邑名和顺，当日之命名有义存焉，盖以人心即天地，人心和即天地之心亦和；人心顺即天地之心亦顺，和以招和，顺以来顺，

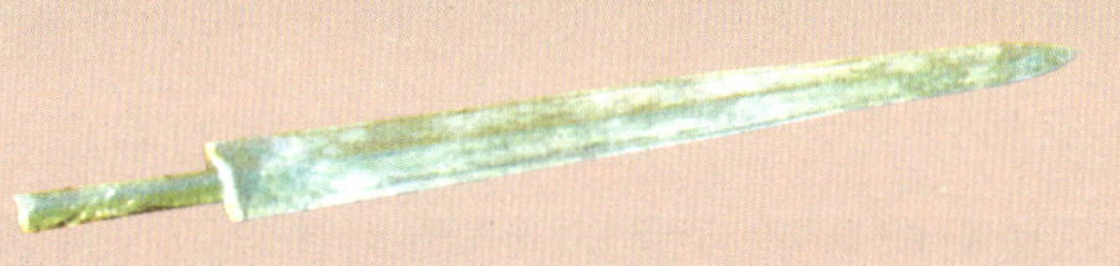

和顺出土的战国剑

斯万物咸若，而岁其稔好。”这就有了和谐社会的味道了。《广韵》释曰：和，顺也，谐也。不论怎样，在建设和谐社会，发展先进文化的今天，和顺二字有极其丰富的文化内涵，是很宝贵的文化资源。而今，和顺人已张扬起“天和地顺，人和事顺，内和外顺，家和业顺”的旗帜，为“和顺”二字增添了更加丰富的内涵。全国打造“和”文化的地方不少，目前所知，偌大的中国叫“和顺”之名的不过一县、一镇、一村，二○○九年十一月三日，中国牛郎织女文化之乡和顺县、中国十大魅力古镇之一的云南省腾冲县和顺镇在云南签订友好合作协议，冠名“和顺”的一县一镇共同打造“和顺”名片。

志有所载，尚待开发的文化资源。一是祠宇群。具有和顺自己特点的可开发利用的祠宇有梁余祠，祀和顺最早封主晋大夫

和顺出土的宋代铜镜

和顺出土的金代帅印

梁余子养；合山懿济圣母庙、显泽侯祠（已列为全国重点文物保护单位）；祀马克礼等十一位和顺历代名宦的名宦祠，祀王佐父子、杨晓昀等十位和顺乡贤的乡贤祠，祀王佐、药翔、赵鲸等九位忠臣孝子的忠义孝悌祠，等等。二是寺观群。麻衣寺、青冈寺、天池寺、海眼寺、石佛寺、禅堂寺、重兴寺、荣华寺等保存较完整，需修缮充实。三是古诗文。王云凤的《虎谷集》，清道光十二年（一八三二年）进士杨晓昀的《杨春野文集》等，需整理研究利用。古志载有的一百五十多篇诗词文章，写人记事，赏景抒情，很有研究利用价值。四是旧《和顺县志》。需重新修订，识文断句，释义考证，寻迹觅踪，整理分析，可从中催生一个鲜活如昨，启发在今的历史和顺。

民间文化。地方戏剧有夫子岭弦腔、凤台小戏等。民间歌舞

织女的后代

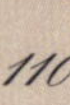

戏台匾额

有音锣鼓、迓鼓、跑莲灯、黄烟炮、打落、响马转等。民间音乐“八音会”以风趣对奏、音韵流畅、婉转悠扬的风格遍布乡村，用于婚丧祭祀等。根雕、剪纸、刺绣、五谷画等民间工艺独树一帜。随着旅游业的快速发展，民间文化古树新枝，将会重现无限生机。

文学艺术。纵观历史，王云凤的诗文及其著作在历史上很为后人推崇。后来和顺虽无人能望其项背，但撰文操艺者代有人出，作品不计其数。今天的和顺，文学艺术渐现繁荣，温彦国的书法，杨治国的诗文，马逸的诗文、书法，李晓林和张培林的国画等已走向全国，颇有影响。县文联下属的各个协会活动频繁，佳作不断。有许多文学艺术爱好者勤奋笔耕，写我历史，壮我河山，在文学艺术的精神世界里，成就“文人”的不朽伟业。

有人说，二十一世纪是文化竞争的世纪。也有人论：十年发展靠经济，五十年发展靠制度，百年发展靠文化。和顺虽小，人

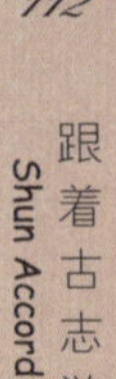

杨治国做客中央电视台“百家讲坛”，对话著名学者易中天

著名歌唱家宋祖英放歌中国和顺第三届牛郎织女文化节暨消夏避暑旅游节

口虽少，但一滴水见太阳的光辉。和顺一本薄薄的古县志，有多少可挖掘研究的"信息"，有多少历久弥新，古为今用的资源，恐非一辈人能完成此大业。文化要传承，文化也要创造。文化无大小强弱之分，我们自己不要有文化自卑感，当然也不要有文化自大症。只要我们对这块土地爱得深沉，对它的历史寄于深情，对它的人民心灵相通，对它的未来充满信心，我们就能坚守文化之根，舒展发展之叶，在属于自己的空间里，成长壮大，不断续写历史的辉煌。

在这一系列文章要结束的时候，我想把和顺比喻为一个天生丽质的少女，以一诗誉之：

久处深闺人未识，

恰逢盛世待出阁。
“和顺”为质绿为妆，
倾倒天下多少客。

He Shun in poems and paintings:

Illustrated notes on Shifang's reading of ten ancient landscapes

诗画和顺——世芳札记

漳水环带

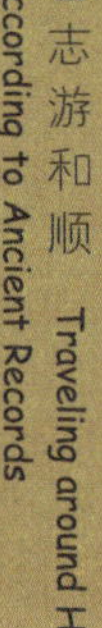

古人用“线条”描绘的县城形势图，漳河源的二水一南一北自西向东环绕古城，方方正正的一座小城没有向东开的门，“二水”成“人”，“三门”为“品”，竟读出“人品”、“品人”之意。

漳水环带

清·刘顺昌

不信人间有十洲，
今逢双润水交流。
阴山浪卷疑翔鹭，
猴岭涛飞起宿鸥。
前辈文章推虎谷，
环城襟带赖龙湫。
临河欲展濯缨志，
极目南池奋翼修。

八赋晚霞

八赋岭，本是兵家之地，画者竟命名“八赋晚霞”，兵戎相见，晚霞满天，再次印证了“因战望和”的定律。

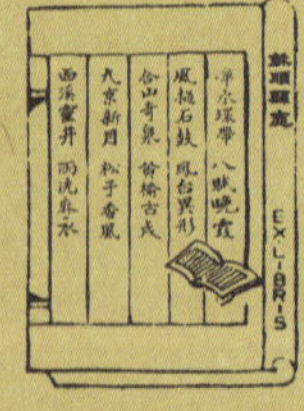

八赋晚霞

明·周钺

上党东来翠岭赊，
梁余西去碧云遮。
峻嶒石磴羊肠远，
汹涌波涛鼍鼓挝。
行处纵横多鸟迹，
望中寂寞少人家。
夕阳残照无今古，
孤鹜长空带晚霞。

风挝石鼓

本来一块大石头，风过处声如擂鼓，诗画随之而生，竟为县中一景。古人悠闲的心境，随处万物皆可入诗入画的本领，今人恐难达到了。

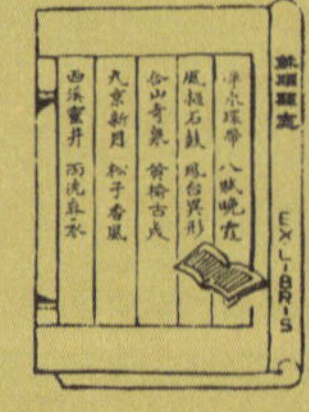

风掛石鼓

明·周钺

几度曾经此岭过，
一规石鼓委山阿。
琢磨或类宣王制，
吟咏谁赓韩子歌。
路险力疲频驻马，
雨多溪长怯凌波。
悬崖隐约风姨手，
水底填填夜击鼍。

凤台异形

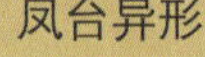

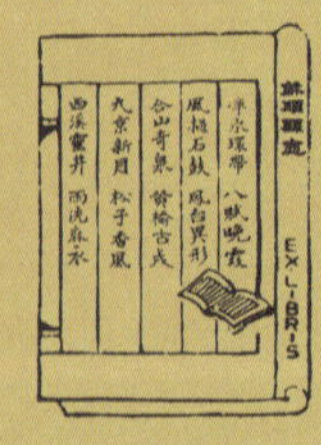

山形如龙似凤，古刹暮鼓晨钟，凤凰台上虽然不见凤凰展翅，画中的美景却因此铭在后人的心中。

凤台异形

清·刘顺昌

高台漠漠落漳湄，
万丈流霞壮羽仪。
六旬平铺堪绘谱，
九苞辉映可题诗。
河东应运谁为主？
冀北朝阳老不移。
丹诏时同红日近，
凌空一望发深思。

合山奇泉

合山奇泉

王云凤到过的地方，直到今天，有许多当政者仍然慕名而来，有许多文人仍然为之动情，合山村的热闹从未停止过，未来会更加美好。

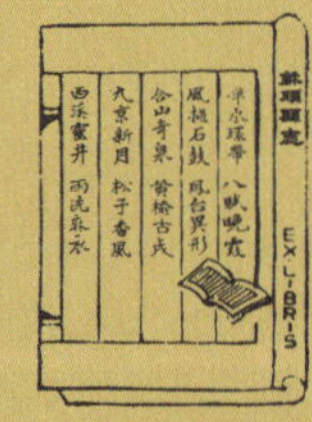

合山奇泉

清·苏宏祖

四月无雪郁苍苍，
林水悠然自一方。
地老龙蛇缠石笋，
月明笙鹤过沧浪。
云林忽作千家栋，
灵泽还滋九畹香。
缥缈三山人不见，
醉携骚雅啸芳房。

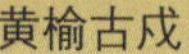
黄榆古戍

战旗猎猎，营房相连，拾阶而上，可见邢沙风光。战时为“戍”，和时可“游”，亏古人想得出，把古战场列入“和邑十景”。

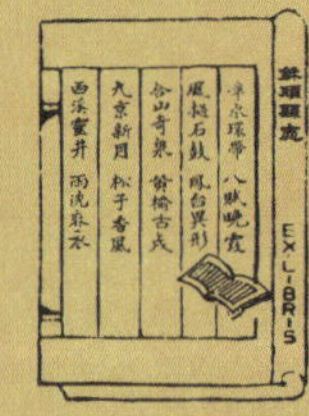

黄榆古戍

明·周钺

山形秋色势相宜，
自古乾坤险是奇。
怪石笼云蹲虎豹，
枯松挂月走蛟螭。
一夫隘口身无敌，
匹马峰头力欲疲。
林蔼野烟正愁绝，
行人指点不须疑！

九京新月

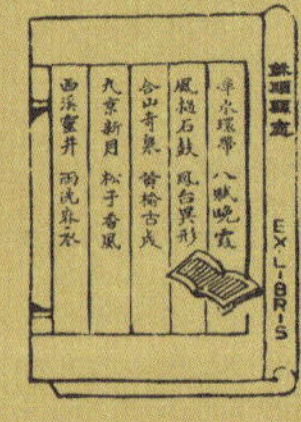

月无新旧，人却有前后，因为人故，月就有了新旧。九京何人初见月？新月何年初照人？古画一幅，岁月悠悠。

九京新月

清·刘顺昌

古人原自重交情，
文子叔誉从此行。
偶尔游观乐未艾，
同心言笑喜相迎。
可怜设辨九京上，
徒有知人二字名。
新月年年照野壑，
如何人物几迁更。

松子香风

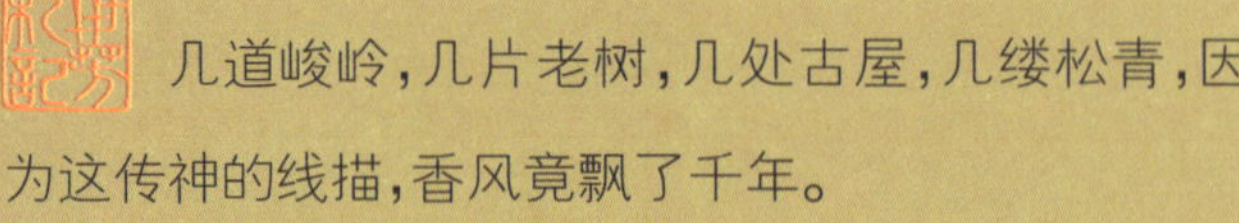

几道峻岭，几片老树，几处古屋，几缕松青，因为这传神的线描，香风竟飘了千年。

松子香风

明·周钺

万壑千岩一夜霜，
晚看云树两苍苍。
悬崖老干虬龙雾，
偃盖新枝凤鸟翔。
有约不逢黄石履，
无缘可到赤松乡。
乘风度岭萧萧起，
松子吹来桂子香。

西溪灵井

和顺人为重现如此美景，正在努力着。

西溪灵井

清·赵淓

步入幽溪巨壑开，
寒泉石底泻灵胎。
潭空时见闲云起，
亭敞频邀爽气来。
曲磴斜通松下路，
轻霞高锁岭边台。
前贤题句藤萝隐，
我为前贤拂碧苔。

雨洗麻衣

雨洗麻衣

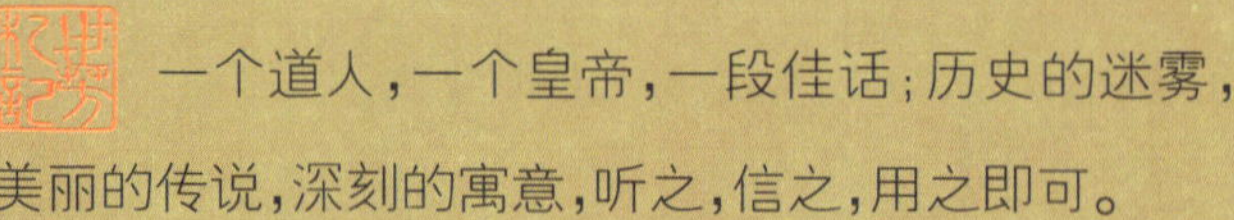

一个道人，一个皇帝，一段佳话；历史的迷雾，美丽的传说，深刻的寓意，听之，信之，用之即可。

雨洗麻衣

清·赵尔巽

缀补麻衣耐岁寒，
千章乔木与禅安。
祇因郊国几斤尽，
怪得仙人破塔看。

Appendix I The Happiness of the Spirit

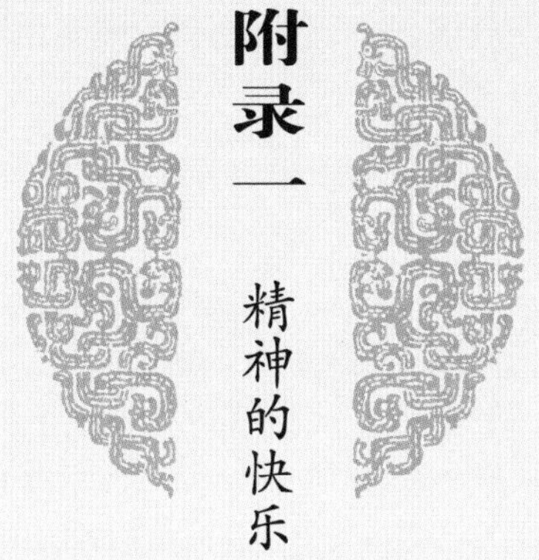

附录一

精神的快乐

漳水东去

精神的快乐

The Happiness of the Spirit

在人的一生之中，四十岁是一个很重要的年龄分界线。正如孔子所说：三十而立，四十而不惑。所以四十多岁又称人生的“不惑之年”。其实，人到了这个年龄，只不过是开始回顾与思考自己走过的人生之路了，对影响过影响着并将继续影响着自己的许多人生要素有了一定的认识，要真正“不惑”，我们做不到，圣人也做不到。而今自己早已入“不惑之年”，看书学习，思考人生，回顾岁月的记忆，品味精神的快乐，偶有所得，记以成文。分别为：文学的梦想、艺术的诱惑、自然的震撼、家乡的情结、哲学的实用、历史的启示、宗教的魅力、文化的影响、思想的不朽。

自己快乐也能让别人快乐

精神的快乐是一种什么样的

本书作者与和顺二中的学生一起研读本土教材《跟着古志游和顺》，乐在其中

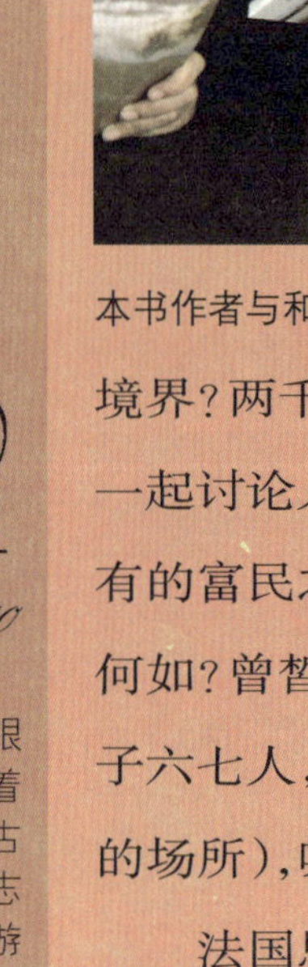

境界？两千多年前，孔子与他的弟子子路、曾皙、冉有、公西华在一起讨论人生理想时，对子路的治国之术，孔子笑而未评，对冉有的富民之道和公西华的祭祀之礼，不置可否。孔子问曾皙：尔何如？曾皙说：莫（暮）春者，春服既成，冠者（成年人）五六人，童子六七人，浴乎沂（曲阜县南一水名），风乎舞雩（鲁国祭天求雨的场所），咏而归。孔子喟然叹曰：吾与点也（我赞成你的思想）。

法国思想家帕斯卡说过，我们的全部尊严就在于思想。一个人的一生也好，人类的历史也好，不管昔日有多么荣耀和辉煌，都会随风而逝，只有思想傲然独立。暂离尘俗，回归自然，探究天人之理，独享思想盛宴，这就是精神的快乐！

文学的梦想

A Dream of Literature

谁都有梦想开始的地方，对于我们六十年代出生的人来说，文学是我们本不太多的梦想选择中的共同追求。

那时特殊的政治气候和社会环境，能滋润少年精神家园的文学甘霖少得可怜。儿时，不识一字的姥姥有讲不完的民间故事；小学主要看几本关于少年英雄的连环画；初中，《野火春风斗古城》中的金银环姐妹，《林海雪原》中的杨子荣、小白鸽，《金光大道》中的马小辫形象等，总是活生生地展现在眼前。农闲或下雨的日子，邻居们聚在一起，听村里的文化人讲《七狭五义》《三国演义》等，讲的人绘声绘色，手舞足蹈，听的人张嘴瞪眼，喜怒于色，我于是就盼望下雨的日子，农闲的日子。如果听说村里要放电影、唱戏，或盲人宣传队来表演，自己就会兴奋不已，盼太阳早点下山，在乡村静谧的夜色中与那些虚拟的剧中人一起呼吸。最爱上初中的作文课了，老师经常会让我站起来念我的作文。在物质生活极端贫乏的年代，精神世界的单纯需求，是超脱，是平衡，是懵懂少年最初的梦想。文学种子就是这样种下

一山一水总关情，世间万物可为文

的，精神家园就是这样构建的，精神的快乐就是这样开始的。

之后，高中选读了文科，班主任说，你们学文科，不是因为文长而是因为理短。我很是为他的结论不高兴，理短不假，但文自认为还是“长”的，不信走着瞧。四年后考上了大学中文系，虽然是专科，但那时候我们用的是大学本科的课本。朱东润主编的六本《中国历代文学作品选》，学校图书馆里大量欧洲和俄罗斯批判现实主义作家的巨著，让我流连忘返，沉迷陶醉。毕业后从教期间，与师友一起办起了文学社，创办了文学刊物，开展了一系列活动，颇是红火了一阵子。

在对文学的向往与迷恋中，文学梦具体为作家梦。在仰视了化蝶的庄子，荷锄的陶渊明，天才的王勃，淡泊高雅的孟浩然，超凡脱俗的王维，飘然若仙的李白，忧国忧民的杜甫，位重诗好的白居易，随缘放旷的苏轼，忠愤激发的陆游，气势磅礴的辛弃疾，忧国忧民的鲁迅，浪漫狂傲的郭沫若，以及托尔斯泰、巴尔扎克、果戈理、高尔基等中外文学巨匠二十多年后，我仍然只是一个文学爱好者，虽然没有著作等身，但无论从教从商还是从政，爱好文学形成的文学素养让我受用无穷。

文学，激发出的情商和智商，使平凡琐碎的生活增添了激情和美感、诗意。文学是人学，文学是语言的艺术。你对文学情有独钟，文学必然改造你的思想意识和兴趣感觉。诗人的杜甫和当木匠的杜甫绝对不一样。诗人的杜甫，“感时花见泪，恨别鸟惊心”，对花落泪，听鸟惊心，这在美学上叫“移情”，把客观景物主观感情化。如果他不是诗人，那花是花，鸟是鸟，花落鸟叫，自然而然，怎会由此惊心落泪？有文学素养；会使你不自觉地进入物我两忘的境界。到庐山旅游，在瀑布前就好像看到了李白，因为他“飞流直下三千尺，疑是银河落九天”的名句老在耳边响起。虽然生活在平凡的乡村，文学这副多情而美丽的眼镜，让人总是在平凡中发现美好，在琐碎中感动内心。县境内没有名山大川，但是古代在这儿做官的文人，写下了大量的诗词美文。未见这些诗词前，认为司空见惯的景物有什么美啊，但读了刘洪辟的“龙山佳气郁葱葱，弥望青苍透碧空，万树种松三面翠，一桥架石两崖通……”再去看云龙山，你就会眼睛一亮：真的很美呀！

文学是人学，主要功能是以自己的主观感受去感染别人。

二十世纪八十年代，我在中学带语文课，在地区级的报纸上发表了不少小块散文，觉得什么都令人感动。于是家乡的草木、树林、山水、日出等等都成了作品中的主角。

文学，改变了的思维方式，使人有了从容豁达的心态和知足随缘的人生观。文人，大都命运坎坷，却又豁达随缘。苏轼晚年在《自题金山画像》中写道："心似已灰之木，身如不系之舟；问汝平生功业，黄州惠州儋州。"诗中所说黄州惠州儋州，正是他一生的三个被贬逐之地，但在苏轼看来，竟然是"平生功业"之地，是无奈，是反讽，更是他笑看人生的哲人胸怀。

古代的中国文人为官时能抒发政治抱负，曲折时能写诗作文，正所谓"家国不幸诗家幸，话到沧桑始便工"。在当今这个充满各种诱惑，到处讲究功利的时代，即便是我们这些普通人，也应该保持这种心态。多想想"采菊东篱下，悠然见南山"的陶渊明，"仰天大笑出门去，我辈岂是蓬蒿人"的李白，"居庙堂之高，则忧其民，处江湖之远，则忧其君"的范仲淹……中国文学史上无以计数的优秀文人所具备的这种品德，常激励我"心远地自偏"，闹中求静，让人生的节奏慢下来，让清风明月和佳句美文成为一生的财富。

文学，培养了积极的入世思想，文学也使人清醒，学会用批判的眼光看问题，不盲从。文学是思想的载体，是人类精神的家园。中国文化的一切精华，无不在文学的千年流传中，潜移默化地教化着龙的子孙。学先秦的诸子散文，聆听贤哲们的美妙阔论，无论是儒家的入世思想，还是道家的出世思想，你得出的结

论都是“修身齐家治国平天下”、“穷则独善其身，达则兼济天下”。有为而治，无为而治，对象都是人，手段都是治。所以中国文学有一个很特殊的现象，因文而做官，因丢了官而更有文采，往往集政治家、文学家、艺术家、哲学家于一身。曹操位为魏王，但他的诗文成为千古绝唱，杜甫、苏轼、陆游等文豪，一辈子在入世与出世的轮回中，创造为民的政绩又创造不朽的作品。所以，看文学史，也是看思想史，看中国历史。

参加工作二十多年，写文学作品，写领导讲话，写调研报告等等，为政为文的背后就是积极入世的思想支撑。在大学图书馆，我阅读了十九世纪欧洲批判现实主义巨匠巴尔扎克、托尔斯泰、果戈理、契诃夫等的作品，他们对社会和人性的深刻批判，让人用另一只眼睛，看到了事物和人性的另一面。特别是鲁迅先生的作品，对国民性和人性的解剖，振聋发聩，使人对自己的国与家、人与社会保持清醒的头脑。

当昔日的旧粮库遇上了文事就成了艺术的殿堂

文学，教会了自己使用美好的文字，使别人乐于接受，给人以愉快的感受。汉字是世界上最美好的文字。英文由二十六个字母组成，A 就是 A，你看上一百年，它没有任何意义。而汉字就不同，单是一个“人”字，你就能联想到若干自然社会意义。正如王蒙所说：我们的汉字有一种本质主义……甚至一、二、三在中文里都被看得特别重。老子说“天得一以清，地得一以宁，神得一以灵，谷得一以生，侯得一以为天下正”。所以“一”在中国人看来，就不单是一个数量概念。大学时，老师要求我们每人必须有一本许慎著的《说文解字》，而且要看繁体字。在德国斯图加特参观 BENZ 汽车公司，BENZ 其实是个人名，我们中国人给它音译过来就成了“奔驰”，是我们的汉字赋予了它更美好的意义。此类例子，还有“宝马”“保时捷”等等。

一部中国文学史，就是一部美轮美奂的语言文字史。《诗经》的朴素，《离骚》的绚烂，唐诗的瑰丽，宋词的跌宕，元曲的绮美，明清小说的传神等等，文学长河滔滔而来，朵朵浪花美丽无比，每一个沐浴在其中的人，都头脑活跃、耳聪目明、语言动听，自己愉快，也会使别人愉悦。

文学对我来说可能永远是个梦想，而梦想使我规避现实的无奈，永存精神的快乐。十五世纪西方有一个关于梦想的故事：有三个人正在为建教堂砌墙，问他们在干什么，第一个人回答，在搬砖，第二个人回答，在砌墙，第三个人回答，在建教堂。对第一个人来说，砌墙是苦役，对第二个人来说，砌墙是职业，对第三个人来说，砌墙是通实现梦想到达天国的途径。文学不是我的职业，而是我的梦想。

艺术的诱惑

An Attraction of Art

《圣经》上说:祈祷吧,免得受诱惑。我以为,如果是艺术的诱惑,那就高兴地接受吧。在四面"楚歌"中,楚国士兵情绪崩溃,豪情万丈的霸王泪别虞姬;"黄鹄"之歌中,管仲激励士气,顺利脱险;孔子听了"韶乐",三月不知肉味;整整一代中华儿女唱着《义勇军进行曲》前赴后继;延安剧场上,一个战士把枪口瞄准了《白毛女》舞台上演黄世仁的演员陈述;小泽征尔跪着听完了《梁祝》;在维也纳金色大厅《拉德斯基进行曲》中,所有观众情不自禁鼓掌起立;莎士比亚《李尔王》中哈姆雷特"是生存,还是死亡"的台词,竟永远成为人们命运抉择时的共同词句……

从事艺术工作的人,可能要讲究天分,但被艺术感染,是人的天性。越是艺术形式单调、内容稀少的时候,人就越渴望艺术,并去追逐艺术。二十世纪六十年代的农村老家,真正过的是油灯岁月。看晋剧,看电影,听下里巴人的小调俚曲,观墙上的"大批判"漫画,就是全部的艺术享受了。到了晚上和一群小伙伴结队步行到几华里之外的村子去看电影（电力由放映员脚蹬发出），看盲人宣传队演出。现在看来，那是奔着艺术去的，是精神的快乐所驱使。一年一次赶庙会，都要唱几场戏，以晋剧为主，也有豫剧、弦腔等，八个样板戏年年看。后来我们村也成立了剧团，父亲还是团长，主拉晋胡。一次我在后台看他们演《白毛女》，一个人在幕后用手电摁在幕布上，就算是月亮了。那时候不明白，台上的农民演员用方言演戏，台下的农民为什么看的声泪俱下，这就是艺术的力量。五年级时，学校文艺会演，我也演了一次杨白劳，大裆裤、白头巾、红头绳，滑稽中的真诚，模仿中的天真，终生难忘。革命歌曲唱了近二十年，高三时李谷一的《乡恋》，打开了音乐世界的另一扇门。一九八三年，在阳泉火

晋剧艺术在和顺有着深厚的群众基础

车站平生第一次听到了一首特别的歌《小城故事》，才知道世界上还有另一种音乐，还有另一类的歌唱家邓丽君，那么好听的竟然是我们经常批判的“靡靡之音”。一次在榆次工人俱乐部听音乐会，盛中国闭着眼睛演奏完《梁祝》，音乐家自我陶醉，现场静寂无声，仿佛做着共同的蝴蝶之梦，那美妙的旋律飘在脑海直到如今。大学时看到别人吹拉弹唱，自己又学二胡，又学笛子，结果一样也没学成，但这并不影响对音乐的欣赏兴趣。工作后，录音机、VCD、CD、DVD 机“与时俱买”，古今中外的经典音乐一概爱听。坐车听，回家听，文章写不下去也听，写到得意处，听到迷醉时，真不知是在听音乐，还是在写文章。

牛郎织女（施大畏绘）

最爱看的戏剧，除了晋剧，就是京剧和豫剧。晋剧尤擅长叙事，风格浑厚朴实，由于唱腔和伴奏主次不太分明，初听很难听进去，但是你要耐心地结合剧情看着字幕去听，越听越有味道，体现的是晋人的悠闲和富足。京剧曲调字正腔圆，风格高贵典

和顺农村精美的石雕

雅，体现的是国剧的恢弘大气。豫剧节奏欢快，表现力丰富，体现的是中原的文化积淀。

那年到西欧，品尝了一次欧洲绘画、雕塑和建筑艺术的饕餮大餐，进一步领略了西方艺术的独特魅力。记得大学课本以群著的《文学概论》上讲过，中国画重写意，西洋画重写实。这个定义也完全实用于雕塑、建筑和园林艺术。中国画清淡如茶，题材多为山水、花鸟、人物，画面多留空白，任你自由想象。欧洲的油画浓墨重彩，题材多为宗教和历史，看后的感觉就是两个字：震撼。

在巴黎近郊的凡尔赛宫，在卢浮宫，在梵蒂冈的圣彼得大教堂，仅看这些地方的油画，就可以基本了解欧洲的历史、宗教等重大事件和伟大人物。艺术家们以他们的思想深度和写实手法，把古希腊的神话故事、《圣经》故事以及历史人物表现得淋漓尽致，丝毫毕现。在卢浮宫《蒙娜丽莎》画前，一天有几万人观看。一个阳光灿烂的下午，我们乘舟游览塞纳河，三十多座桥，建筑年代、风格和来历各异，桥是“书”，你不得不读，“书”是桥，你跨入了桥连接着的历史。塞纳河两旁集中了艾菲尔铁塔、巴黎圣母园、卢浮宫、荣军院、协和广场等众多的古老而知名的建筑，其视觉冲击力和历史承载度，举世公认。

在罗马，即使是断垣残壁，也气势非凡，强大罗马帝国昔日的辉煌咄咄逼人，真可谓罗马是“建成于一砖一瓦的细节雕塑”。欧洲雕塑多是各个时期的本民族的伟大人物和历史故事，不论信仰、时期、类别、性别，历史与文明就这样被矗立在街头。在欧洲的每一天，看到的最多的还是大理石材质的描金勾银的散发艺术活力的教堂，它们把宗教精神溶进建筑艺术，确实是凝固的音乐，立体的绘画。至于那厚重悠远的钟声，就是千年不绝的人性召唤。

艺术是什么？早期的西方人认为，做面包的师傅与音乐家没有什么区别，后来才把技艺与艺术分开，艺术上升为最高级别的人类精神活动。看着我们的孩子整天沉浸在网络游戏中，一丝遗憾掠过心头：他们今天可创造可选择可享受的艺术太多了，为什么艺术创作和欣赏的普遍性不如从前了。难道沙漠中的绿洲令人神往，树林里的小草不令人怦然心动？

艺术的诱惑

艺术是什么？村口吊起来的银幕，舞台上的盲艺人，戏台上的杨子荣，婚丧事队伍上空飘荡的吹打乐，端着饭碗的油画《父亲》，渴望上学的摄影作品《大眼睛》……这是我们那一代人的艺术现实。如今在十分自由的环境中，不缺乏任何艺术作品，但缺乏的是对待艺术的应有态度。艺术不仅仅是让人精神快乐，它承载的是我们的历史和我们自己对生活对国家对人类过去的再现和未来的信心。

自然的震撼

Startled by Nature

人类的故事只能让人感动，而大自然的杰作却能让人类感到震撼。

一位久居国外的名人讲过，走遍世界各地，要说自然风貌之齐全，山河之壮丽，形胜之奇绝，还数我们中国。

华山：一石一座山，一队黑蚂蚁　那年走到华山脚下，仰望面前的梦中奇山时，我惊呆了：一块石头就是一座山。古人云："山无石不奇，无纯石不大奇，华山削成十里五千仞，一石也。"什么叫鬼斧神工？华山的造化是绝佳的注释。北魏郦道元所著《水经注》说华山"远而望之若花状"，近观一石被削成悬崖绝壁，直插霄汉，气势磅礴。没有奇绝处，怎能在西部众山中出类拔萃，被早在汉初的《尔雅·释山》誉为"西岳"。坐缆车，上北峰，登天梯，过御道，在苍龙岭拾阶而上时，又一幕出现了：一队望不到头的黑蚂蚁，沿着台阶的恻面蠕动而上，一个接一个，绝无旁行者，也无掉队者，它们选择的路线巧妙地避开了行人的脚步。看到此情此景，一组词汇从脑海闪过：方向、领导、纪律、信念、坚韧、集体与个体、生存与繁衍、竞争与战争等，敬意油然而生。

长白山：天池、长白瀑布　九月的长白山多云多雾，坐着三菱吉普车盘旋而上，看窗外森林变成草地，草地变成零星小花再变成间有晶体的火山地貌。下车在云雾中向火山口攀登，到达两千一百九十四米的峰顶时，云雾退去，便看见了一平如镜的天池。但见蒸气淡漫，云影倒映，天水一色，翠蓝醉人。内壁由白色浮石和粗面岩组成的悬崖绝壁，有如玉碗。池北有口，池水溢出成天河，形成高六十八米的长白瀑布，如白练悬空，清雅俊秀，为松花江、图们江、鸭绿江三江之源。晚上激动不已，凑诗一首：长白山头白云立，天上瑶池在人间，池水不胜高处寒，飞瀑洒下大平原。

平凡的有了规模便成了美景

太行山上也有“桃花源”

四川：九寨沟、黄龙、三江并流　什么样的风景能让人跪下叩拜？九寨沟。一九九二年，世界自然遗产组织的官员第一次到九寨沟考察时，从沟口到景区一直是大雨如注，当来到火花海景点时，天空突然放晴，阳光穿过雾霭，出现了一道美丽的彩虹。妖娆艳丽的火花海让他们惊呆了，他们跪在海子边上向大自然的造化叩拜，对大自然表达由衷的敬佩。我读九寨沟时，觉得人在仙境，心融童话，丽水、奇瀑、圣山、巨树、飘雾、白雪、绿林、红叶、黄灌、蓝海，只有大自然才能把这一切组合的和谐美丽，楚楚动人。与九寨沟的绝配就是黄龙，黄龙的彩池、雪山、森林、峡谷，堪称“四绝”，如梦似幻，引人入胜。四川的另一动人心魄的奇景是三江并流。站在乐山大佛所处的凌云山上，看面前岷江、青衣江、大渡河三江浩浩而来，直冲凌云山西壁，在山壁的阻挡下，汇聚一处，荡然东去，声震天地，势惊心魄。天下好

一次次在变幻莫测的大自然面前目瞪口呆

“文章”不在人为，只有大自然安排下的美好江山才识最绝妙的文章。

云南：玉龙雪山、香格里拉　离丽江古城还有很远很远，就可以望见那美丽神奇的玉龙雪山了，等进入丽江新城的主街道，就更清晰地看见了它的风采：以碧蓝的天空为背景，玉龙雪山拔地而起，山下四季如春，山腰森林密布，山顶万年冰雪。可谓：冰川压角峰，雪雾如龙腾，不敢高声语，恐惊天上神。据说，玉龙雪山是世界上北半球纬度最低的一座有现代冰川分布的极高山，主峰扇子陡海拔五千五百九十六米，迄今仍是无人登顶的处女峰。第二天，我们乘车绕道雪山背后，登云衫坪，在遍地奇花异草中仰视白雪皑皑的主峰，拍下大量照片。回来则优选之，悬挂办公室墙上，每天看着它，竟有定神去燥安心之功效。

香格里拉，一个神秘而令人遐想的名字。汽车在海拔一千

至四千多米的高山、坝子之间上上下下，最终看见不知是天上还是人间的一个境界时，我惊呆了：雪山静谧而神秘，森林原始而有序，草地远阔而安逸，河流清澈而安逸，寺庙庄严而圣洁，一切显得永恒、和平、宁静，人与自然和谐共荣，是远离尘世喧闹的理想之地。这就是英国作家希尔顿在《消失的地平线》里描绘的香格里拉了。香格里拉在云南迪庆藏语方言中，是一个人神共有、人与自然和谐共荣、无比殊胜的理想之地。境内屹立着梅里、哈巴、白茫、巴拉更宗等大雪山，是世界上罕见的低纬度雪山群。与此相对应是世界上最深最险的梅里大峡谷、虎跳峡和澜沧江大峡谷，最高差达四千七百三十四米。站在虎跳峡谷

家乡小山上的一棵树，使我想到两个字"独立"

底。面对惊涛拍岸声若雷震呼啸而来奔腾而去的金沙江时，脑子一片空白，除了惊愕，别无它想。

欧洲：阿尔卑斯山　阿尔卑斯山是欧洲大陆的脊梁，是腾飞的一条巨龙。在欧洲旅行，起码要翻越两次阿尔卑斯山，车窗外的景色使人忘却了旅途的疲劳，人像是在一幅奇美无比的山水油画里穿行。山顶是突兀的峭壁、尖锐的角峰和深邃的冰川草谷，往下是由花、草和灌木组成的阿尔卑斯山草地，山腰是茂密的枞松和落叶松，山麓是大大小小的冰碛湖和构造湖，著名的有日内瓦湖、苏黎世湖等。万年雪峰银光四射，大小湖泊碧蓝醉人，绿色草地嫩态可掬，农舍别墅宛若童话。伟大的诗人拜伦曾把阿尔卑斯山比作是“大自然的宫殿”。阿尔卑斯山脉的大理石也蕴涵着圣洁的生命，造就了欧洲经典的雕塑作品。如米开朗琪罗的《大卫》《摩西》和《哀泣的圣母抱着死去的耶稣》等等。

一个人的生命很短暂，人类的历史与大自然相比也不过是短暂一瞬，这本身就是最令人震撼的奇迹。我们在有限的生命里，尽可能去感受大自然的造化吧，我们的生命因此而得到永恒。

家乡的情结

Nostalgia for a Hometown

人的一生，前半截走的是离家的路，后半截走的是回家的路。

几年前，母亲去世。清明节上坟后，我坐在故乡旧居大门口，仿佛又看见了爷爷荷锄的背影，母亲厨房的劳碌，乡亲饭场的热闹，最是姥姥唤我回家吃饭的声音，一直在耳边回荡。东望母亲的坟头，春草萋萋，风自东方来，泪从心中流。

家乡，是我们的人生起点、支点、结点，也是原点和终点。

乌骓马、天子剑，当年的西楚霸王是多么威风，他屠咸阳，杀子婴，烧宫室，本可称王于天下，谁料他心怀家乡，"富贵不归故乡，如衣绣夜行，谁知之者"，项羽衣锦还乡的强烈愿望，让刘邦后来居上。也是项羽，当他兵败乌江，又因"无颜见江东父老"

再穷的家也有绽放的心花

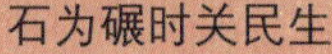

石为碾时关民生

古老的桥头狮头石雕

而自刎，失去东山再起的机会。“至今思项羽，不肯过江东”，成功荣归故里，失败死不归乡，这是项羽的家乡观。

初唐大诗人宋之问以文学言语成为天子顾问，出入侍从，礼遇优宠，是武则天面前的大红人，但就是这样的显贵名流，却是“近乡情更怯，不敢问来人”。在外大红大紫，归乡情怯心慌，因为自己心中有愧（时宋之问因其低劣的人品而遭人唾弃），这是宋之问的家乡观。

“少小离家老大回，乡音无改鬓毛衰。儿童相见不相识，笑问客从何处来。”热恋故乡，不改乡音，即使两鬓斑白，反主为客，也无怨无悔，这是唐代位高权重而又才华横溢的大诗人贺知章的家乡观。

常念家乡，就是念贫困、念疾苦、念根本、念人性、念人伦……

唐现实主义诗人白居易，面对乡村农民的穷苦，他自己感到惭愧，“今我何功德，曾不事农桑，吏禄三百石，岁晏有余粮”，“幸免饥冻苦，又无垅亩勤，念彼深可愧，自问是何人”。这是白

居易的家乡观。

陶渊明少年时期“猛志逸四海”，因不堪“为五斗米折腰”，而最终挂官归田，在“夫耕于前，妻锄于后”，“采菊东篱下，悠然见南山”的乡居生活中找到了真我。唐大诗人元稹干脆在家乡“冬修方丈室，春种桔槔园，千万人间事，从兹不复言”。千万人间事，从兹不复言，只有家乡才能使人不必伪装，不必矫情，不必用豪言壮语包装自己的人生。

更多的时候，家乡是游子的港湾，是纯真的保留，是人类原始状态的档案，是激发创造冲动的基地……

对我来说，扑腾在一方浅浅的水塘，厮守着一盏昏黄的油灯，玩耍在一片不大的谷场，看那一块小小的荧幕，听一场不懂的山西梆，一句乡亲低低的问候，一群儿时的伙伴们喧闹着奔

家乡的门环

向人生的远方。村子美，但村民的生活也苦，考大学，进县城，吃白面，总想超越家乡的一切，但几十年下来，却发现占据心灵世界中央的仍然是家乡。

如今，当我们欢呼世界是平的，自豪什么都将“一体化”时，我为家乡真正意义的缺失或者消失而担忧。当小溪不再欢唱，山谷不再葱绿，池塘不再荡漾；当儿童找不到清晰的星空，当土地上长的是水泥森林，当夜的静寂被喧闹代替；当荡秋千、滚铁环、打弹弓都成了非物质文化遗产，当那些方言俚语、风情风俗变为遥远的回忆，当城里乡村的孩子都在游戏世界里沉湎，我们是不是还有真正的精神家园，是不是还有创造的源泉。

家乡的符号是特殊的，家乡的回忆是独特的，家乡的文化是个性化的，家是几个人的组合，村是一群人的组合，乡是几千几万人的组合，在这个规律面前，不能搞“标准化”。家乡的真正意义消失之日，就是诗人和发明家消失之时，上帝会为我们这个所谓现代化的千篇一律的世界发笑，倡导“天人合一”的祖先们会为我们的聪明才智摇头。

当我把这篇文章通过互联网发给儿子时，二十岁的他问：那到底是发展好，还是原始好？你所说的还是社会发展与人类自己感性认识的矛盾。我知道，儿子在动摇我的论点，于是我回答：咱们吃白面大米，也得让你老家的老舅吃上，能不能让大家都吃好的同时，别把门前的小溪吃没了，别把家乡的风俗西化了，别把家乡与异乡混淆了，别把文化“标准化”了，因为我们祖先留下的文明密码都在乡下存着……

哲学的实用

A Practice of Philosophy

如何在有生之年认识生活的本来面目，文学、艺术、自然、宗教和文化等文章，只算是一个个人生侧面的总结。所谓“横看成岭侧成峰，远近高低各不同”，把这首诗之深意，换成哲学故事，那就是“盲人摸象”，原因是“不识庐山真面目，只缘身在此山中”。看来要看清人生之真面目，必须找到一个制高点，一览人生之“众山”。找到这个制高点只能靠哲学。

在西藏，面对那大山大湖大河大江，看着那些五体投地夜以继日匍匐在朝圣路上的人们，我除了惊讶，便是无语，没有恰当的词汇来形容看到的一切，描述内心的感受。大自然虽然在此展现了它的天地之大美，但是从人类生存的角度讲，自然条件还是恶劣的。然而，那里的人们

哲学命题：什么是福

龙的传人

为什么还那样有幸福感？在此，你不得不想一个问题：人生的意义究竟是什么？真正的幸福在哪里？我看了西藏的艺术家打造的一台歌舞晚会，名字叫《幸福在路上》心胸豁然开朗。幸福在追求创造幸福人生的路上，在人们的心灵精神世界里，而不是物质的最终占有。这就是答案，这就是人生哲学。

西藏回来的一个夜深人静、不能入眠的夜里，我随手拿过床头的纸笔，写下了这样几句话：

哲学，不是哲学家的专利，是每个人心中的航标灯；哲学，不是深不可测的玄学，是每个人有意无意走着的属于自己选择的路标；哲学，是每个人不可能不"选修"的人生大课。

哲学是什么？哲者，知也（《说文》）。哲者，智也（《尔雅》）。哲学一词，来自希腊语，意为爱智慧。两千多年前，东西方几乎在

同时出现了一批大师（导师）。孔子、孟子、老子、庄子等诸子百家，古希腊、罗马的柏拉图、苏格拉底等哲学先驱，释迦牟尼、基督耶稣等宗教圣人。古代圣贤对宇宙、自然、人生的惊讶，成为哲学的起源。

哲学与我们每个人的人生的关系。《大众哲学》的作者、著名的马克思主义哲学家艾思奇认为：哲学是人们对于世界的根本认识和根本态度。《中国哲学简史》的著者、北大教授冯友兰认为：哲学是对人生的系统的反思。《哲学是什么》一书的作者、北大教授胡军认为：哲学是指导人们过美好生活的艺术或智慧。

这三本哲学著作本身就是实用的最好例子。比如《大众哲学》，是“九一八”事变后，艾思奇面对青年在思想深处产生的种种疑惑和问题，于一九三四年十一月至一九三五年十月，连续发表的二十四篇有现实针对性、发人深省的哲学论文。这些文章结集出版后，在新中国成立前就印行了三十二版，它成了一本改变无数人命运轨迹的书，一本影响几代青年走上革命道路

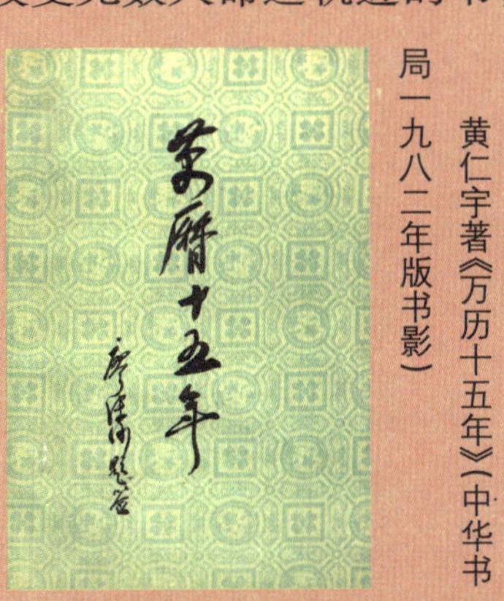

黄仁宇著《万历十五年》（中华书局一九八二年版书影）

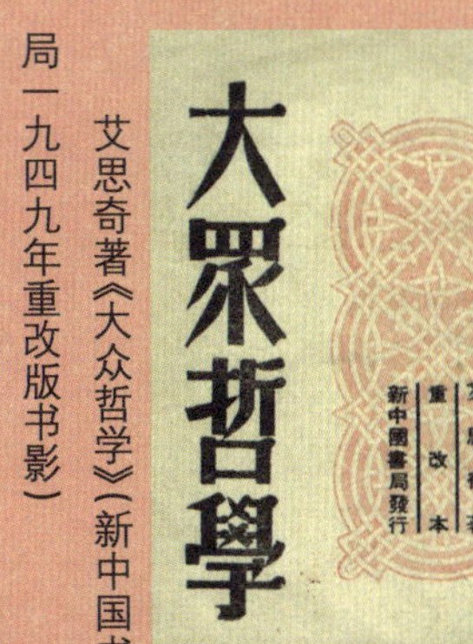

艾思奇著《大众哲学》（新中国书局一九四九年重改版书影）

的书。毛泽东主席写信给作者说：我读了得益很多。曾任台湾警备司令部高级顾问，后任全国政协委员、常委、六届人大常委的马璧教授写诗赠艾思奇纪念馆："一卷书雄百万兵，攻心为上胜攻城；蒋军一败如山倒，哲学犹输仰令名。"欧阳中石教授曾题一词缅怀艾思奇："读书每到疑虑处，困惑常思受业时。"

至于冯友兰先生的《中国哲学简史》，于一九四八年由美国著名的麦克米兰出版公司出版后，立即成为西方人了解和学习中国哲学的超级入门书，至今六十年来，一直是世界各大学中国哲学的通用教材。冯友兰先生关于中西哲学比较的论述，可谓拨云见日，这个纷繁世界芸芸众生因此而脉络清晰了。

我是学中文的，感性思维多，理性思维少，不善数理化以及逻辑学和心理学。对于哲学，只是在二十世纪七十年代末八十年代初高中阶段的课堂上学习了一些马克思主义哲学的基本知识。当时学习为考试，生背了不少概念。后来在社会这个大学中，这些概念如一块块甘饴的糖果，渐渐地溶化在了血液里。哲学的概念，是哲人们对天地宇宙、社会人生规律的把握，反过来又指导了人、人类的生活和生产。正如原财政部长张劲夫所说：哲学为大众，大众爱哲学。

选择什么样的哲学思想，取决于他生活的时代，所处的环境，受到的教育，以及拥有的经济基础和文化渗透。真正的哲学是自己时代精神的精华。

作为中国人，中国传统哲学为我们提供了一个看世界的高地。

"福禄寿",价值观的永久命题

儒家的"中庸之道",入世思想;道家的"无为而治",出世思想,以及阴阳五行学的宇宙观等等哲学思想,指引着我们时刻将家庭、社会伦理和"社稷"、祖国放在心上。"修身齐家治国平天下"、"穷则独善其身,达则兼济天下"、"夫唯不争,故天下莫能与之争"、"大白若辱,大方无隅,大器晚成,大音希声,大象无形,道隐无名"、"清静无为"、"返璞归真"、"顺应自然"等等。无数简短精辟的哲言,浸润着中华儿女的心灵,指导我们关注人生,关注现世,关注现实,关注人与自然、人与社会的和谐,指出人生的是非荣辱,以及如何对待生死进退。

冯友兰先生认为:中国传统哲学的主要精神,既是现世的,又是出世的;既是理想主义的,又是现实主义的;既讲求实际,又不浮浅。中国知识分子也好,平民百姓也好,其集体人格,冯友兰先认为可以概括为"内圣外王",内圣,即他的内心致力于心灵的修养;外王,即他在社会活动中好似君王一样积极进取。大到一国、一省之长,小到一县一村之人,谁不想做心灵上的圣者，行动上的能人？

作为二十世纪六十年代生人，为了高考，没有选择地学习了唯物辩证法，没有想到的是，在实际生活中竟非常实用，特别是其对立统一、质量互变、否定之否定三大基本规律。一是能迅速抓住事物的本质。它告诉我们，看问题不能绝对，要看事物的两面，不能片面地看，要全面分析，要通过现象看本质，静止的、片面地看问题，会让你得出错误的结论。二是要用辩证法的“三大规律”来看待客观世界，学会正确的解决问题的方法。对立统一律，教会我们处理矛盾要看到它的同一性，又要看到它的斗争性，把握主流，抓主要矛盾，抓矛盾的主要方面，就可以事半

内心平静，古风俨然

功倍。量变质变律，告诉我们为人处世做事，不可过“满”，“满招损、谦受益”。否定之否定律，告诉我们事物的发展都是“波浪式前进，螺旋式上升”的，要善于“扬弃”，遵循实践——认识——再实践，循环往复，以至无穷的规律。这三大规律，大可改造世界，小可改变人生，让人少走弯路，少做错事。三是哲学中的智慧，能带给我们心灵的愉悦和人生的美好。中国人从来都是在哲学的世界里寄托了漂泊的心灵，而不是把自己的未来交给宗教。佛教在中国持续不衰，根本的原因是与中国传统哲学“合并了同类项”，把根深深地插入了中华哲学的土地。台湾星云大师开创佛光山，倡导“人间佛教”，以“出世的思想，做入世的事

组合起来力量大

业”，其目的是“给人信心，给人欢喜，给人希望，给人方便”。《易经》阴、阳两个字和一长横两短横的排列组合就道明了宇宙自然运动变化的天机；《论语》是心灵的“鸡汤”，孔夫子和他的弟子们在一问一答中，揭示了人生的意义；《老子》告诉我们物极必反、祸福相依的道理，让我们做人要温和，无为就是无不为；《庄子》是个性的张扬，梦中不知自己变成了蝴蝶，还是蝴蝶变成了自己等等。在网络时代，面对知识爆炸，一搜知天下事的现实，我们中国人仍有天生的哲学天赋。比如最近网络上流行一款叫“开心农场”的“种地偷菜”游戏，就是这样一个游戏，有好思考者竟总结出六条启示，颇有哲学意味：在利益面前，没有亲情和道义可讲，任何人都可能成为对你背后下手的贼；没事的时候多出去转转，总会有意想不到的收获，等等（《读者》二〇〇九年二十二期）。至于毛主席的《矛盾论》、《实践论》等哲学著作更是常读常新，受益无穷。四是掌握一些哲学知识，可以提高人的思辨能力和演讲、论辩水平，在生活和工作中非常实用。

人是会系统思考的动物，人人皆可以成“哲者”，人人皆可以为“圣人”。让哲学的灯塔照亮我们前行的路吧！

历史的启示

A Revelation of History

我们正在进入一个众说历史的时代：影视剧不计其数地正说戏说历史，央视《百家讲坛》上，阎崇年说遍了清十二帝，钱文忠顺着三字经从三皇五帝说到大明王朝，易中天说完三国说诸子百家，袁腾飞说两宋风云，王立群说先秦说两汉。很快，喻大华教授又要给我们说苦命天子咸丰了……网络上，东方明月说"明朝那些事儿"红遍全国，仅同名正版书就印行二百万册，随后汉朝那些事儿、唐宋元朝那些事儿等等各类图书充斥书架，历史上的那些正人君子、惊天大事转眼间复活再现，所谓历史不过就是"那些事儿"。那些事儿，其实是那些人儿，比如海瑞，在我心目中原本是一座高大的丰碑，但是

赵奢庙屋脊砖雕人物

赵奢庙屋脊砖雕飞龙，赵奢一员大将而已，为什么享受“龙”饰待遇？

郦波教授在《风雨张居正》中告诉我们，海瑞五岁的女儿吃了男仆给的食物，他竟然逼女儿饿死，就为了实践“男女授受不亲”的信条，一瞬间丰碑轰然倒塌。在这个传媒高度发达的时代，历史走出图书馆，走出课堂，走出研究所，走向普罗大众。讲历史可以一夜成名，可以一书暴富。最可怜的是那些历史人物，是也非也，好也坏也，只能任后人去评说了。历史真的是一个任人打扮的小姑娘？“给我一双慧眼吧”，让我看清历史的本来面目。不管怎样，了解历史，反思历史，还是能给人以有益的启示。

兴亡谁人定。“人民，只有人民，才是创造世界历史的动力”，这是毛主席在中国共产党第七次全国代表大会上总结抗日战争八年的历史经验和抗日解放区建设经验时的著名论断。为了证明只有人民才是创造世界历史的动力，当年中学历史老师把历次农民起义（有人统计从秦到清农民起义共四十二次）让我们背了个遍。但是现在看来，农民起义真的推动了历史进步了吗？在穷饿而死与揭竿而起的两难选择中，农民选择了起义，这注定了其行动的盲目性，从历史上看，也鲜有成功者，即便是成功也只不过是城头变换大王旗而已。可见，只用农民起义来证明这一论断显然不妥。中国近代资产阶级思想家梁启超说:“历史者英雄之舞台也,舍英雄几无历史。”是英雄创造历史吗?英雄振臂一呼,如果没有人民响应显然也不能心想事成。

刘备是卖草鞋的,为了笼络人心,说自己是中山靖王的后代,张飞、关公成英雄前哪个不是比群众还群众。郑和是宦官,七下西洋便是英雄;朱元璋当和尚当乞丐,最后成了皇帝;天生帝王命的明熹宗朱由校不听先贤教诲,“祖法尧舜,宪章文武”,却去学鲁班,整天与斧子、锯子、刨子打交道……可见英雄其实也是人民中的一员,人民之中的佼佼者称为英雄。历史,是人类

战国武士(油画·何孔德绘)

社会发展进步的一个过程，无论是谁，在历史不可阻挡的滚滚潮流面前，顺之者昌，逆之者亡。英雄来自人民的队伍，代表了人民的意愿，代表了时代精神，顺应了历史发展规律，带领着人民一起创造着现在，现在就是未来的历史。看历史，如果看大不看小，看远不看近，就是人民（英雄是人民的代表）创造历史；如果看小不看大，看近不看远，看台上不看台下，就是英雄（人民中的精英）创造历史。人类推崇英雄是天性，今天我们应该更加推崇知识与创造、学者与工程师这类型的社会英雄，依靠科技发展生产力，方顺历史大势。

盛衰岂无凭。再没有土地与中国历史如此休戚相关。因为土地制度，就是财政制度。解决的好，民安国强，解决的不好，民贫国弱，直接决定着一个王朝的盛衰。一部中国古代历史，就是一部土地制度史。谁解决了土地问题谁就能够开创太平盛世。

我站在地图面前，目光从西安（十一个朝代的都城）沿黄河拐了一个九十度的弯，到洛阳、开封，最后到北京，中国历史好像沿着黄河贴着黄土在推进。黄河黄土，这就是中国历史的大背景，在这个背景下，我们的祖先通过不断探索土地改革把农耕文明发挥的淋漓尽致。“井田制”形成于商，盛行于西周，瓦解于春秋，黄仁宇先生认为，“井田制”影响了此后三千年的中国政治架构设计。商鞅变法承认土地私有，秦国成为战国七雄中的强国，统一了六国。其后王莽实行王田制，曹魏实行屯田制，北魏、隋、唐实行均田制，明朝大学士张居正下令在全国推行一条鞭法，把原来的田赋、徭役和杂税合并，折成银两，分摊到田

历史静物

亩上，按田亩多少收税，使明王朝得以继续，并为清雍正帝“摊丁入亩”的变革奠定了基础。这些举措，无不带来国强民安的效果，延续着王朝的命脉。

担当身前事。看五十集的电视剧《大秦帝国》时，我为商鞅之死而热泪盈眶；郦波教授在讲到张居正跪下请求反对者用刀子杀死自己时声音哽咽。在封建社会几千年的历史上，改革者的下场大抵如是。即使如王安石、张居正这样的宰相级的大权在握的人物，生前受尽诽谤，死后也难逃报复。中国历史上所谓“康乾盛世”，独独不把康熙的儿子乾隆的父亲雍正加进去。我不止一次看二月河的《雍正王朝》，也看了雍正为自己声冤的《大义觉迷录》，没有雍正的改革，没有雍正的勤奋，哪有乾隆的盛世。明知生前人言可畏，死后难得公论，即或是开棺戮尸，也要义无反顾。历史的每一次大的进步，都取决于改革者和时代使命担当者的奋不顾身。

何计身后评。历史都是后人整理记录的，后人对历史的取舍不见得全部符合历史的真实，后人的评论往往因时而此是彼非。司马迁受宫刑而修《史记》，鲁迅先生称之为“史家之绝唱，无韵之离骚”，但就是这样一部书，可怀疑可商榷的地方也很多。比如，程步先生读史就多了个心眼，他认为真实的秦始皇不仅不是暴君，而且是历史上有为之君中最仁慈的，是“仁君秦始皇”。其实即便秦始皇“焚书坑儒”是事实，他也决不会为了死后的名声而破坏创始之初的第一个封建王朝的稳定。一部“二十四史”，关键人物几万个，如果都计较死后的评论，那中国历史还是这个样子吗？写历史的人的第一目的是给当时的人和后人看的。如司马光写《资治通鉴》的目的是要警示后人，果不其然，自成书以来，被历代帝王将相、文人骚客、各界要人奉为金科玉律，之所以如此，首先是它的实用，其次才是历史的真实。虽然中国人讲究“盖棺定论”，但有作为者或改革者，就不能计较身后的评论，因为身后一年、一百年、一千年得到的评价往往大相径庭。

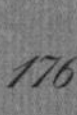

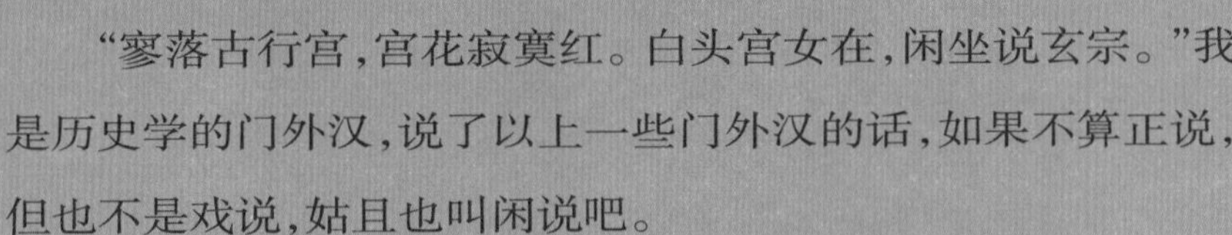

“寥落古行宫，宫花寂寞红。白头宫女在，闲坐说玄宗。”我是历史学的门外汉，说了以上一些门外汉的话，如果不算正说，但也不是戏说，姑且也叫闲说吧。

宗教的魅力

The Fascination of Religion

西藏，朝圣的路上，信徒一步一叩，五体投地，经年累月，用身体丈量雪域高原，只为心中金色的菩萨。

欧洲，随处可见高高的教堂尖顶，从容的钟声，正在收割的农民双手合十，晚祷。

美国大片，与上帝订立契约的摩西举着写着“十戒”的石块走下西奈山；受难的耶稣头戴荆冠，上身流血，扛着十字架走向自己的殉道处。

大龙庙：中国人的信仰，首先是能满足现实的精神追求

香港，走进一家书店，不同版本的《圣经》不下百种。

漫漫历史长河中，以主的名义以宗教为借口的战争连绵不断。

拨开宗教的神秘面纱，发现两千多年前的人类思想家们都在追问一个共同的命题：人，从哪里来，到哪里去，现在应该取什么样的人生态度。前世，今生，来世，三生的真谛到底是什么。

“世界是一座桥，走过去，不要在上面盖房子。”这是（美）休斯敦·史密斯在他的《人的宗教》一书扉页上的一句话。我理解，桥的这头是人的诞生，桥的那头是人的死亡，在思考生死意义的问题时，简单无“屋”，超越尘世，在大悲中寻得平淡，在恐惧中求得乐观，从容面对生死，从小我中知大我，从俗我里求真我，从对来世的未知中寻找转世的自己。这个任务目前只有宗教能够完成。

中国元素

宗教的魅力

宗教是信仰的载体，信仰是人生的支柱。了解宗教，检点信仰是对我们个人的最真切的关怀。由于特殊原因，六十年代出生的人不仅没有宗教意识，而且曾经蔑视或憎恨过世界上的一切宗教。今天，我们可以坚定信仰与主义，但也可以同时接受和理解宗教关于人生的思考和精神探求。《圣经》放在床头，夜深人静，随手翻翻，才发现那些沉重的教义竟然是用生动的文学语言来叙述的，人物个性鲜明，故事曲折动人。特别是《旧约》部分，简直是一首美妙的长诗，是一篇篇感人的散文，是一部令人回肠荡气的历史，是使人顿悟不断的哲人警句。作为救世主的耶稣出现，使《圣经》故事与人类的命运紧紧地连在了一起。耶稣降生、行圣迹、受难、复活，让你可以一口气读完他的一生。因为受苦是人类的命运，希望是人类的前景，对希望的信仰则是人类前行的动力，所以我们也在其中。在西方，这些可以成为宗教，并用一整套仪式规范人们的言行。而在中国文化中长大的我们，同样可以用来证明我们祖先的“仁爱”思想，伟大思想家们的思辨目的殊途同归。

宗教信仰自由，但对真、善和未来不可以没有宗教般虔诚的心。基督徒每餐前都要感谢主赐给的一日三餐，我们不去行此仪式，但我们不可以连“谁知盘中餐，粒粒皆辛苦”都想不到。全国各地数不清的寺庙和各类所谓宗教活动，到底有多少宗教意味，值得深思。

《圣经》虽然古老，但有不少我们现代人应该信奉的理念，比如契约意识。上帝与他的子民之间的关系实质上就是：你信我，克己禁欲，你就能达到回归上帝的得救之途。这就是人生的此岸与彼岸的契约关系。而孔子说“未知生，焉知死，未能事人，焉能事鬼”，所以中国文化体现为对现世生活的热爱，我们对人生之“彼岸”就不太关心。问题是对彼岸的态度影响着“此岸”，精神支撑的问题时不时成为我们的困惑。信仰危机导致信任危机，我们在市场经济的实践中缺乏契约理念和诚信意识，就会出现一个“低度信任社会”。而这对我们建设社会主义市场经济与和谐社会是非常不利的。

宗教也是一碗温暖的心灵“鸡汤”，是人类共同的精神财富，为了和平和谐和人类的幸福安宁，我们必须正视它，理解它，丰富它，发展它。

文化的影响

The Influence of Culture

文化是什么？综合各种解释，文化，是一个民族和国家中，人们为了生存发展，创造、传承、享用的社会产物，包括物质的、精神的各种社会事物与现象。从另一方面讲，文化也是一定社会群体成员为应付环境，满足需要，获得发展而逐渐形成的生活模式和规则。包括各类人的思维性格、民间习俗、服饰特点、饮食习惯、居住环境、宗教影响、艺术形式、语言风格等。

古代民居的文化墙

中国文化是什么？王蒙在《全球化视角下的中国文化》中说："中国传统文化就是中华民族几千年来基本上发展传承下来、基本上没有脆性断裂过的基本价值取向、基本生活方式、基本思维方式、基本社会组织方式和基本审

年年有鱼(余)

蝴蝶砖雕

莲花砖雕

美特色。”如此大的概念,非我等能以一篇短文可论。本文的关键词只能是“影响”,从影响中看看自己是谁,为什么是这样,从而透视中国文化以及其地域文化的特质。

生在中国,生在六十年代,虽然经历过“文革”,批斗过孔子,但毕竟受的是国学熏陶,用的是神奇的汉字,加上大学中文系的几年学习,不得不说儒家学说、经史子集、唐诗宋词、祖国家乡、方言俚语、风俗习惯等等要素已渗透到血液里,表现在每时每刻。

因为长在一个内陆山区小县,文化上的内敛,再加上地域上的封闭,保守、自足、拒外曾经是这个区域民众的共同性格特征。仁义理智信,是小时候爷爷指着发黄的字体竖排的没有标点符号的线装书告诉我的做人标准。后来,要革“文化”的命,这些满是孔孟思想的线装书也被收走付之一炬了。结果是,传统

龙与云的艺术派对

文化革掉了，新的先进的文化也没有树起来，精神世界着实空虚了起来。改革开放三十年，是中国经济大发展、文化大繁荣的三十年，也是中华文化发扬光大走向世界的三十年。孔子学院遍五大洲，于丹教授《论语心得》一书的火爆，“百家讲坛”国学讲座的热评，奥运会开幕式中华文化的集萃，好莱坞大片随便加点中国元素就票房大丰收以及金融危机中关于中国一枝独秀的文化根源说等等，在各种文化的碰撞中，以儒家思想为主的中华文化再次表现出了强大的生命力。为什么？是于丹教授所说的“道不远人”，也是竞争世界的打拼中需要“中庸”“和谐”的“心灵鸡汤”。总之，我们需要在圣贤的光芒下学习成长。

因为生活在一个文化大碰撞，现代文明高度发达，物质生活极是诱人的时代，文化与文明的冲突日趋激烈。德国埃里亚斯《文明的进程》认为，文化是各个民族彼此不同的东西，文明

民间节庆

是各个民族越来越相似的东西，文化常常是固守不变的，对外来文化有抗拒的，而文明是前进的、变化的，是殖民的和扩张的，所以文化和传统有关，文明和未来有关。那年到欧洲，在北京机场书店，正好卖了一本名叫《看啊，看我们的孔子》的书，结果就是白天看欧洲文明，晚上看我们的孔子，但有趣的是欧洲几乎每个酒店房间的床头都放着一本英文版的《圣经》。一个是满怀仁义道德，坐着牛车到处宣传自己的社会理想的老夫子，一个是甘愿以身殉道，靠苦难来启迪人类洗刷原罪的上帝的儿子耶稣。一个倡导爱人，一个倡导爱己及人，在价值取向上是相同的。但是，我们却不能理解，欧洲人在直观上比我们这个礼仪之邦的人还讲礼貌，为什么比我们这个有五千年文明历史的传人还文明，教堂的钟声令人怦然心动，为什么我们的思想教育变成了说教……是现代文明悄然剥蚀了我们的文化基础，内心的抗拒敌不过外在的“诱惑”。当我们独处时，孔子在我们的心里，当我们奋斗时，现代文明在我们的眼前，当我们贫穷时，我们觉得内心的充实是最大的幸福，当我们富裕时，我们觉得诸子散文和唐诗宋词只是我们的文化消费。据说，法国人是世界上最骄傲的民族，但是他们不小看中国人，原因是中国有五千年的文明，还有和法式大餐一样散发着文化气味的中餐。遗憾的是，我们的城市乡村代表中华文化的老建筑和文化场所在所谓的改造中所剩无几，而巴黎的古城依旧，巴黎人还骄傲地说：在巴黎，四百年的建筑算新建筑。孟子说，鱼与熊掌不可兼得，而文化与文明则必须协调，缺一不可。

记得过去学中国历史，说有一个规律，少数民族对汉民族的每一次侵入，其文化标志最后都被汉民族同化融化了。佛教、基督教进入中国后，都是先接受后改造，为我所用，原因就是汉文化的包容性和改造功能太强大了。改革开放这么多年，外来的价值观念、生活方式、思维方式太多了，但我们的汉字依然美丽，解决了计算机汉字录入问题后，生命力更强了。我们的中医中药中餐独树一帜，我们的京剧魅力无限，我们的孔孟思想和孙子兵法重放异彩……我们急需做的是认真吸收西方文明的精华，如社会契约文化、民主法制思想、尊重知识和人才的意识、崇尚财富与创造的理念、开放开阔的胸怀等等。

文化需要传承

东西方文化的差异或者谁优谁劣的观点历来尖锐对立。从现代文明看文化，我们应承认西方文化目前处在强势地位。我也深刻理解了"三个代表"中，"代表先进文化"的深刻内涵。但同时对中国文化在未来民族振兴和建设和谐世界中的独特作用充满信心。二〇〇五年，英国《金融时报》一篇题为《西方文明面临严酷的挑战》的文章说："西方文明已经走到一个十字路口。沿着一条路走下去是愤世嫉俗、侵略、冷漠、新保守主义和极端自由主义。另一条路是建设一个个人通过自我完善、孜孜以求、乐观向上、理性、同情心、平等和相互认同而凝聚在一起的社会。"相信东方或者西方都会走好自己的路。

文化自大和自残都是不自信的表现。实现自我完善、乐观向上，到达物质和精神世界的彼岸，根就在我们的传统文化中，叶就在伸向天空的人类文化里。

思想的不朽

The Immortality of Thought

这是一个思想的火花竞相迸发的时代，这是一个思想的河流竞相奔涌的时代，这是一个思想的星空竞相争辉的时代。

这样的时代在两千五百年前的春秋战国时期有过。那时的知识分子走出“官府”，纷纷投入各路诸侯的门下，自由来去，自由说话，自由著书，自由表达表现自己的见解，他们的待遇、礼

明清古村

遇、自由度之高令后人羡慕。冯谖是孟尝君的门客，可以倚柱弹剑，要鱼要车要家，孟尝君一一与之。齐国的孟尝君、魏国的信陵君、赵国的平原君、楚国的春申君，他们“养士”多达几千人。战国后期秦国的吕不韦，也有“食客三千”，“士”中许多优秀人物如商鞅、吴起等，不仅其学术活动受到鼓励和资助，而且出为卿相。荀子，十五岁就到田齐王朝兴办的稷下学宫学习，后来成为稷下的学术大师。孟子两次入齐讲学，时间长达三十年，被授予上卿。由于春秋战国诸侯对“士”的宽容政策，允许其“合着留不合则去”。知识分子可以“择木而栖”，促进了各国的人才流动，留给中华民族不朽的思想遗产，这些思想精华易中天先生总结为：墨家留下了建设家园的美好理想（平等、互利、博爱），道家留下了指导人生的智慧结晶（真实、自由、宽容），法家留下了应对变革的思想资源（公开、公平、公正），儒家留下了凝聚民心的价值体系（仁爱、正义、自强）。

这样的时代同样在两千五百年前的古希腊时期有过。著名的古希腊哲学家苏格拉底和他的学生柏拉图及柏拉图的学生亚里士多德被并称为“希腊三贤”。苏格拉底被称为西方的孔子，这是因为他们都开创了一个新的时代，这个时代并不是靠军事或政治的力量所成就的，而是透过理性，对人的生命作透彻的了解，从而引导出一种新的生活态度。他为真理而奋斗的一生告诉后人，即使面对不义时，都要坦然接受，人活在世界上，要把关注的重点由外在转向内在。苏格拉底说：“我的母亲是个助产婆，我要追随她的脚步，我是个精神上的助产士，帮助

仰望天穹，思考人生

别人产生他们自己的思想。”

这样的时代在二十一世纪的今天中国正在经历着。经过“反右”、“狠斗私字一闪念”、“八个样板戏”、“红宝书”、“早请示晚汇报”的十年“文革”的思想劫难，今天的中国以博大的胸怀拥抱人类的一切文明和文化，成为各类思潮汹涌激荡的宝地。孔子、耶稣、释迦牟尼、苏格拉底“四大圣哲”的思想交相辉映，欧洲资本主义世界三大经典经济学理论，即马克思《资本论》、亚当·斯密《国富论》和凯恩斯的《就业、利息和货币总论》的思想在经济领域一起运用，天主教、基督教、佛教与我们的道教在宗教信仰空间里同样神圣庄严。科学发展观的思想里汲取了东西方思想中关于发展的先进理念，“三个代表”思想体现了执政党思想的与时俱进，建设和谐社会的提出，闪耀着中华民族先贤哲人的思想精华，“一国两制”的思想与实践更是中国人智慧的精彩体现。在树立社会主义核心价值观的同时，个人的自由思想得到了充分尊重，个体的奋斗努力得到了充分肯定，少数人的声音也有人去倾听，反对者的票数在大会堂的大屏幕上一样显现。

当为自己处在这样的时代欢呼的时候，我不会忘记这短短的四十多年里自己也经历过思想的禁锢期和思想的贫乏期。身体的解放是因为去掉了枷锁，思想的解放才是整个人的解放。我见过姥姥的小脚，在村子里的石板路上她只能扶着墙走路，我见过村民们渴望的眼神只在一年只有一次的“样板戏”前闪亮，我见过批斗会上“地富反坏”分子被押上主席台，我见过昏

站着千年，倒下千年的麻衣寺古树

暗的油灯下社员们在狠斗思想中的私念，我见过“批孔”专栏里丑化了的孔老夫子……好在思想解放的春天在那年那次会上来到了，我如愿在大学中文系里接受了祖先们的智慧和思想，而异国的托尔斯泰、果戈理、契诃夫、泰戈尔、哈代、海明威等等文学巨匠的思想如春雨滋润了荒芜的心田。古今中外的哲人睿思，带给自己的是会心的一笑和无言的快乐。

肉体终会腐烂，沧海变为桑田，一切浮华和绚烂都会被雨打风吹去，唯有人类的思想与日月同在而不朽。孔子学院开到了世界各地，释迦牟尼创立的佛教竟然在中国香火缭绕，马克思的政治和经济学思想在全世界开花结果……人类一切的思想成果历久而弥新，正如韦尔斯所说：全部人类历史从根本上说是思想的历史。

思想者是快乐的，是最有尊严的。作为普通人，我们既可以在大师们的思想里汲取思想的力量，同样也可以在思想中找到平凡生活的乐趣，在思想中找到解决问题的智慧，在思想中提高自己的生存和生活质量。

我思故我在，我在故我思。

Appendix Ⅱ

附录二

和顺石叠遗址，属旧石器晚期，出土了大量石器、石核、敲砸器和动物骨化石

程步

The war in Yu Yu City: Underappreciated intricacies

“阏与之战”——被人忽略的精妙

前几天一个朋友到山西和顺县公干，饭桌上和县领导闲聊，县财政局的局长赵世芳下班研究当地历史文化，而且很是有点成就。赵局长最近写了一篇关于阏与之战的文章，其中提到我的《真秦始皇》，我的那位朋友便一个电话打给了我，当时和赵局长聊了几句，他又把他的文章捎来给我，说是请我指点，其实不敢当。我认真拜读了赵先生的文章，写得很好，气韵贯通，论证清晰，史料确凿，不输大家。因此我们倒成了未曾谋面的朋友了。

赵先生在文章中，把“阏与之战”与“长平之战”、“阏与二战”并称为战国时期发生在山西省境内的三大战役，很有创意，也很贴切。赵先生认为战国时期的阏与城就在今天的和顺县附近，我完全赞成。昨天下班前打了个电话想和赵先生交流一下读后感，可惜占线。下班之后我又不爱打电话接电话，夜深人静，不如把感想顺手写下，一并与其他爱好者交流。

我在写《真秦始皇》的时候，对阏与之战做过一些研究，由于这是发生在秦昭王时代的战事，便没有在《真秦始皇》中详写，只是在论述“秦昭王十八次东渡黄河却一无所获”时，稍有提及。后人对阏与之战的研究，不论是王立群先生把它提高到阻止了秦国东进的高度，还是小说家们添油加醋的铺陈描写，其实都没有发掘出阏与之战的精妙之处。我把它概括为三点：

第一，赵奢“欺君”获兵权

《史记·廉颇蔺相如列传》记载，秦国进攻韩国，军队驻扎在阏与。赵王召见廉颇问道：“可以去援救吗？”廉颇回答说：“路远，且艰险狭窄，很难援救。”赵王又召见乐乘问这件事，乐乘的回答和廉颇的话一样。赵王又召见赵奢来问，赵奢回答说：“道远地险路狭，就譬如两只老鼠在洞里争斗，勇猛者必胜。”赵王便派赵奢领兵，去救阏与。

廉颇和乐乘说的对吗？当然是对的。当秦军占领了险要地形，修筑了壁垒，居高临下时，赵军从狭窄的道路向上进攻，那简直就是白白送死。赵军从下往上攀登，受体力的影响，缓慢而难以持久。道路狭窄，即使数倍于守军，也难以展开有劲使不上。而秦军箭弩射杀，赵军成了活靶子；木石滚砸，就地取材顺山而下。秦军从容不迫，以逸待劳，赵军纵有万丈豪气，也是死路一条。所谓一夫当关，万夫莫开，说的就是这种情形。

赵奢真的认为，“道远地险路狭，就譬如两只老鼠在洞里争斗，勇猛者必胜”吗？当然不是。如果他真的这样认为，就应该立刻带兵去和秦军拼杀。而实际情况却是，赵奢率领军队离开邯郸三十里，就下令修建营垒驻扎坚守。一个细节泄露了赵奢的天机：赵奢下令，“有谁敢为军事进谏者，斩。”为什么要下这样的命令？因为他知道一定会有人质问他，赵王派来的监军，或者自己的部下：将军你不是说“勇者胜吗？”为什么不赶紧进攻一鼓作气，反而要筑营防守？先下死令，违令者斩，堵住了众人之口。

那么赵奢为什么要说“勇者胜”，而“骗”取兵权？一，赵王想救阏与想要阏与，不然就不会三番五次地问完廉颇问乐乘，问完乐乘不满意又来问赵奢这个财经干部。德高望重的将军廉颇和乐乘都不愿出手，怎么办呢？替王效力赵奢勇挑重担；二，看清了秦军军事行动的意图，矛头是指向赵国的。如果赵国不做准备，驻扎在阏与的秦军很快就会兵临邯郸。为国分忧赵奢冒死向前；三，赵奢已经想好的破敌之策，但是为保机密不能提前泄露。基于上述三个因素的考虑，赵奢用“狭路相逢勇者胜”的古语说服了赵王得到兵权。而一旦兵权在手，他便“将在外而君命有所不受”，照自己的计划行事了。

第二，筑营垒，比耐心，终把秦军骗下山

赵奢率领赵军刚刚离开赵国都城邯郸三十里，便筑营防守。这便给秦军一个假象，赵军并不会来救援阏与，而只是为了

加强防守防止秦军攻打邯郸;赵军胆怯,不敢来山地与秦军交战;赵军认为自己在平原上才有战胜秦军的把握。

秦军当然不怕在平原与赵军作战。就在秦军占领阏与的前后几年中,秦军甚至攻打到今天山东的齐国,而且他们几乎是战无不胜。所以,嚣张的秦军将领大意了,离开了阏与险要的太行山居高临下之地,下山推进到平原武安驻扎。战国时期的武安城,就在今天河北省武安市的附近,它离邯郸只有八十里,距赵奢的营寨大约只有二十里。秦军等着赵奢发动进攻,或者计划在某一天进攻赵军。但是,秦军上当了。赵奢用示弱和等待,把秦军骗下了山。秦军原来有的山势险要、道路崎岖的防守优势,荡然无存了。

这里有个战略问题需要提出来:假设秦军不下山怎么办?

赵奢之所以敢于筑营防守,摆出一副你不下山就拉倒的架势,是料定秦军不会满足于占领太行山区的小邑阏与,而是一定会垂涎广阔的冀中大平原,一定会东进下山,争夺平原广阔而富饶的土地。

如果阏与之战不是发生在秦昭王时代,而是发生在秦始皇时代,将领是王翦,那就坏了。赵奢的驻军防守,正好给了王翦宝贵的时间。秦军不会下山东进,而是沿太行山和晋中平原南下,占领高都、汲邑,在山西建立河东根据地。然后避开太行山脉从汲邑北上,包围邯郸。秦始皇就是这样一举消灭赵国的。下图是秦始皇包围赵国示意图,不同的仅仅是中路从阏与北上改成从阏与南下,结果都是一样的。当然,秦始皇的胜利没有在秦昭王时代提前上演。那是因为这样一个绝妙的军事战略首先需要有人发现,还需要君王英明能够慧眼识珠,更需要坚定的意志和耐心去矢志不移地实行。秦昭王显然没有这样的智慧和耐心。他的将领们有都急功近利,希望能打大仗立大功然后晋爵封侯。所以,赵奢抓住了秦将的弱点,摆出一副不求进取的架势,你如果不求有功,我也就但求无过。你要撤军,我也回家。

其实,如果秦军真的驻守阏与就此止步,赵奢就惨了。他回去如何向赵王交代?你不说勇者胜吗?为什么不进攻?我想要阏与,你为什么没拿来?廉颇和乐乘一定也会批评赵奢欺君罔上,劳师无功。

所以,真正耗不起的是赵奢,只不过秦将愚笨,没有看清其中的厉害。

第三,巧换位,赵奢上山迫阏与

秦军已经下山了,双方现在成了均势,可以开战了,现在倒真是"勇者胜"的时候了,但是赵奢还不满足于双方的均势,他要得到必胜的把握。就在秦军在武安城附近准备与赵军大战的时候,赵奢一面装模作样的加固营垒,一面命令主力上山,快速推进到离阏与只有五十里的地方,并立刻选择险要之地筑营,同时抢占险要制高点。为什么筑营?你不来攻我还和你耗;为什么抢占制高点?因为赵奢料定秦军一定会回军来攻。

现在我们有必要搞清阏与、武安、邯郸三者的位置了。如果把三地连成一线，正好是阏与向东南方向推进二百里是武安，武安再向东南推进八十里是邯郸。这说明一个什么问题？说明赵奢插到了屯兵于武安的秦军主力背后。

果然，当秦军发现赵军插到自己背后，并占领了山地险要时，这才知道自己上当了。现在秦、赵两军正好换了一个位置，赵军占据了高地和险要，居高临下，尽得优势；而秦军现在身在平原，不得不向上进攻，并受制于狭窄的道路和险要的地形。更为糟糕的是，向前，秦军没有攻下邯郸的实力，驻守，粮草援兵被切断难以持久。四周毕竟是赵国和韩国的地界，秦军东渡黄河远离本土，耗不起。

赵奢担心不担心秦军攻克邯郸？不担心。后来的秦昭王四十八年，赵军的主力已经被秦军消灭在长平，在这种情况下秦军包围邯郸，猛攻了两年几度易帅也没有攻下邯郸，可见邯郸的防守实力。赵奢怕不怕赵王因邯郸遇险而怪罪？也不怕。我领的军令是救阏与，你也没让我守邯郸。不担心也不怕使得赵奢大胆把主力插到敌后。

果然，秦军被赵奢和邯郸夹击在中间，万般无奈，不得不转头像当初的赵军那样，攀登在太行山的崎岖山路中，向居高临下驻守在阏与附近的赵军发起找死般的强攻。结果不言而喻："秦兵后至，争山不得上，赵奢纵兵击之，大破秦军。秦军解而走，遂解阏与之围而归。"

赵奢凯旋而归，赵王只看结果不管过程，没有责备赵奢为什么没有立刻发起进攻和秦军比勇，而是封赵奢为侯号马服

君。

赵先生的文章提到，有人认定阏与之战的主战场在武安，并对此予以否定，我完全支持。持武安决战这一观点的研究者，可能是没搞清地理位置，更没有窥见战场上机动变化的精妙。

阏与之战，其实远比“围魏救赵”要精彩得多。只不过司马迁没有把其中的奥妙写出来，后人读书不细，忽略了。

（原载《山西日报》二〇〇九年六月十五日；本文作者为秦史学家、中央电视台制片人，著有《真秦始皇》《真项羽》《真商鞅》等）

王良才

Zhao Shifang: Engraving local culture for posterity

赵世芳：将本土文化铭刻于未来

一本别具特色的《跟着古志游和顺》，从赵世芳的手中，传递到了我的手上。祝福与欣喜挂在我的脸上，而他，神情仍一如既往地恬淡与宁静。

这本图文并茂的文章结集，从“千年战火万世名“的和顺县名，到”一战成名垂史册“的阏与之战，穿越千载，在历史的辉光里品味着自豪；云龙山，“万壑松声带雨秋”，不尽的浪漫诗情扑面汹涌；寒湖岭，“满林霜叶丽于花”，一缕寂寥清秋弥漫心间；古和城，“南溪北涧总东流”，流走的是历史，留下的是文化；合山灵泉，“旋渴旋流谁使为”，蕴意深远的诘问；太行断裂带风光，“严关千仞古今宜”，纵横千载的探寻；阳曲山，“太行岩岩去天而近”，伏卧在古老与新鲜中，俯瞰沧桑；麻衣寺和石勒村，“每睹残碑惜斜晖”，英雄贤士随风去，徒留感怀；虎谷墓，“要争气节到先生”，一方土地总有精神偶像传颂千古；南天池与天河梁，“纤云弄巧飞星传恨”，千百年来一直传送民间爱情神话；文化和顺，“天和地顺人和事顺”，和谐之城奏响文化强音。

这样挥洒在广袤的和顺土地上的文字，这样飞扬在茫茫史迹中的思绪，正如一只巨手，牵引着我们对于那方土地的文化，增添了无限的渴望；正如春日广场上空的风筝，在和风中带着我们去眺望远处的风景，在历史的云海中翱翔；正如深秋时节南飞的大雁，以一种美妙的姿态向着另一个季节飞舞，那里的风光给予我们向往与梦想……

历史告诉我们，我们来自哪里？文化告诉我们，我们去向何方？赵世芳就在那历史的胜地拉起了我们的手，他挥手一指，未来就在和顺这个县域，呈现出了迷人夺目的神采。

初识赵世芳，是他那篇关于“阏与之战”的稿件发表在《山西日报》“文化周刊”上之后，洋洋洒洒一大篇，文中充满科学考证与逻辑演绎，严谨的文风很让我钦慕。随后，国内的秦史研究专家程步先生以文相和。我便试探着与他联系，希望我们的报纸上也能够转载这两篇文章。赵世芳非常痛快，有一句话很让我感动，他说道：“我与晋中日报渊源很深，你们能够转载，我求之不得！”因此，我觉得赵世芳此人“文气深厚，为人豁达和顺”。

随后，我们的交往便以电子邮件、手机短信的方式开始，他每有佳作发来，我们整个部室争相传阅，常常感叹于他奇崛的文思，钦佩于他深远的思想。在发表关于和顺地名考证的文章后，我们邀约他为我们撰写专栏，他欣然允诺。

于是，关于文学、关于哲学、关于艺术、关于宗教……一个庞大的系列组合拳再次“出击”，他以“照曦”为笔名所撰写的文字，雷打不动地隔周发表在我们文化周刊的八版头条位置。每每品读这些文字，顿觉一股激情充溢胸中，难以自抑，读者也总有来电称叹其文。

私下觉得，不管在什么时候和场所，赵世芳始终抹不去其文人本色。在这些以大文化为基点的系列文章中，他的思维神经是如此的敏感与丰富，他的视野是如此的辽阔与博大；他穿梭于人类的每个角落，他巡游在历史的每个时代，他在书籍中畅游，他在思想中徘徊，他在文化中思索，他的灵魂因此而升华。

曾有一次，在他的邀约安排下，我们周刊的所有成员踏上了“和顺文化之旅”。那次，与他进行了更加密切的接触。云龙山上，他如数家珍地告诉我们开发过程，并指点着远处麻衣寺宏大的修复工程，喜不自禁。他找来车辆，并邀请县新闻办副主任张森林作陪，我们快乐地游览了孤崖天险、走马槽、石佛溶洞，并品尝了许村农家乐的佳肴美味。在他的安排下，著名草根学者、常务副县长杨治国、县委宣传部部长韩亮、县文联主席杨凤岐等，与我们进行了关于和顺区域文化的对话。所有的活动，使我们对这个太行山区的县域产生了浓厚的兴趣，并由此大开了眼界。

归来后，我们尽己所能，撰写了一系列关于和顺文化与旅游的稿件，以我们的感受，告诉大家，和顺是煤炭与文化都储量极其丰厚的地域。近年来，他们在文化和顺建设中的努力与奋斗，产生了巨大的效应，也必将成为福荫子孙的伟大事业。

当然，我们的采访旅程决不能落下赵世芳，他的"跟着古志游和顺"系列，曾经被我们反复阅读，并深深赞叹。坐在我们面前的赵世芳，恬淡而宁静，谦逊而热情，他抱着他的笔记本电脑而来，从打开电脑的那一刻起，他的谈话就没有终止过，一气呵成两个小时，可以说出口成章。他从小时候文化生活的贫瘠，谈到盲艺人们给自己留下的不灭文化印记；他从自己曾写过一篇云龙山游记，谈到上世纪八十年代，他参与创立的叫响晋中的和顺云龙文学社，从未曾谋面的晋中报编辑一直误以为他是美女的幽默典故，到自己与晋中日报的长久渊源及深厚感情……谈到和顺文化，他更是滔滔不绝，精彩不断。牛郎织女相会的胜境，秦赵交战的险地，黄巢练兵的武场，石勒孕育崛起的基地，抗日硝烟弥漫的战区……

在他眼中，和顺文化是博大精深的。其山水文化绿意盎然，其避暑文化清凉自然，其民间文化浩如烟海，其寺观与祠宇文化独具特色，其文学艺术光芒夺目。

常常在感叹他对于和顺文化的精研细究，渊博而深刻，心中暗想，这样的赤子之情可谓难得。然而出乎意料的是，他竟然是河北邢台人。他在谈话中，曾为我勾勒过一幅画，他站在走马槽上，左面是山西，右面是河北，前方是邢台，后面是和顺。他心中翻滚着关于故乡的欣慰与喜悦。他说，我的根在河北，可是我长在了和顺。这正如扎根在晋冀边界上的一棵棵树，两方都是故乡。

如今，身处和顺的河北人赵世芳，对和顺文化做出了更大的贡献，由他撰写的《跟着古志游和顺》即将正式结集出版，为和顺的明天与未来做着历史性的回顾与引导。同时，他的关于"阏与之战"的文章在山西日报等报刊发表后，被多家网络媒体转载，最终促发了河北邯郸一家旅游公司的极大兴趣，他们把开发目标锁定了阏与之战的主战场——和顺县东的石家庄这个村庄。村里的百姓听到这个好消息，无不欢欣鼓舞，奔走相告。于是，村里的干部来到县城，给赵世芳送来了锦旗，以表达他们的感激之情。

赵世芳就是这样，以自己精雕细刻的文章，为这方土地以及这方土地上的父老乡亲，坚持着自己的努力。

（原载《晋中日报》二〇一〇年二月十八日；本文作者为《晋中日报》"文化周刊"编辑）

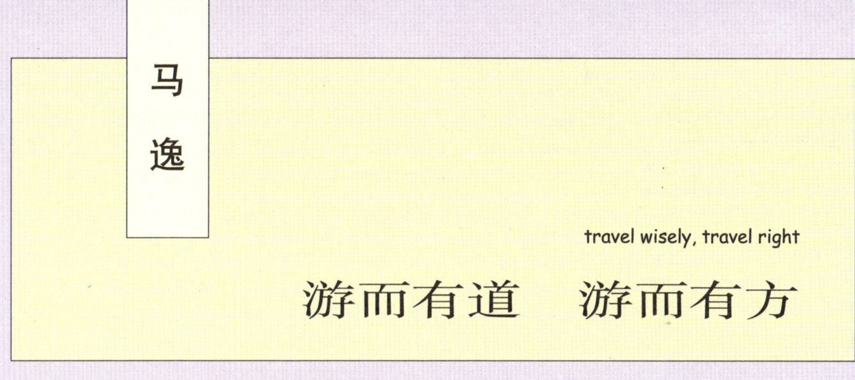

读赵世芳君的《跟着古志游和顺》系列文章，顿觉清风扑面，雅趣盎然，谁能想到这小县山城僻壤故土竟然如此幽静，如此雅致，如此凝重，如此瑰丽，文化气息如此浓郁。

赵世芳君揭示了太行山之巅和顺县的古与今，景与情，由景生情，融情于景。古景与今景辉映，今人与古人交流，拓展了空间，延伸了时段，别开了生面，另辟了蹊径。虽然古人不见今时月，但是今月曾经照古人。时尚不是凭空想象，传统乃见博大精深，数典岂能忘祖，根深才能叶茂。怀古绝非思维倒退，念旧恰是为了创新，长江后浪推前浪，人类社会是这样进步的，是踩着往圣先贤的肩膀攀登的，所有的文明文化概莫能外。

赵世芳君跟着古志游，游出了美妙的境界，游出了高雅的品味，不仅仅为游和顺揭示了门径，也为所有出游者游任何所游的地方提供了方向和方法。获取真知，不外静动二途，即读万卷书，行千里路。赵世芳君的跟着古志游不就是一个二者结合的良“方”吗?

现在旅游已经成了时尚,每逢长假到来,市场火暴。和顺县已成功举办了消夏避暑旅游节、牛郎织女文化节,着力发挥她自身优势,凭借天时、地利、人和,打造生态避暑旅游名县。赵世芳君不仅勾画出了一幅幅绚丽的图景,而且把县志上已作古的文人墨客和历朝县令,以诗文为通行证,在他的妙笔勾勒中跃然纸上,以历史的厚重印证了现实的恢宏。和顺气候宜人,山雄水奇,风淳俗朴、文明久远,几乎每一个村名,每一座庙宇,每一块山石,每一株古树,都有一段神奇的故事。长江、长城、黄山、黄河,可消胸中块垒,云龙、合山、阳曲、南天池同样可以神游万仞予你惊喜。孔老夫子长歌逝者如斯,东坡居士高唱大江东去,你和我引吭太行濯足天池,岂不也同样舒眉吐气!赵世芳君最后深情引述了陆机的“笼天地于形内,错万物于毫端”名句画龙点睛会通今古。我不揣固陋曾经给一位画师奉赠一联“慧眼观天地,妙手写山河”,在这里也拿出来作为笼天地于形内错万物于毫端的引申。要笼天地于形内错万物于毫端是需要慧眼于妙手的,赵世芳君的《跟着古志游和顺》,其实是跟着古人游和顺,他写下这篇文章也是颇具慧眼于妙手的。

(原载《晋中日报》二〇一〇年二月十八日。本文作者为老一辈教育家、史志编纂整理工作者,书法、诗文自成一家。著有《佘生集》)

Epilogue

后记

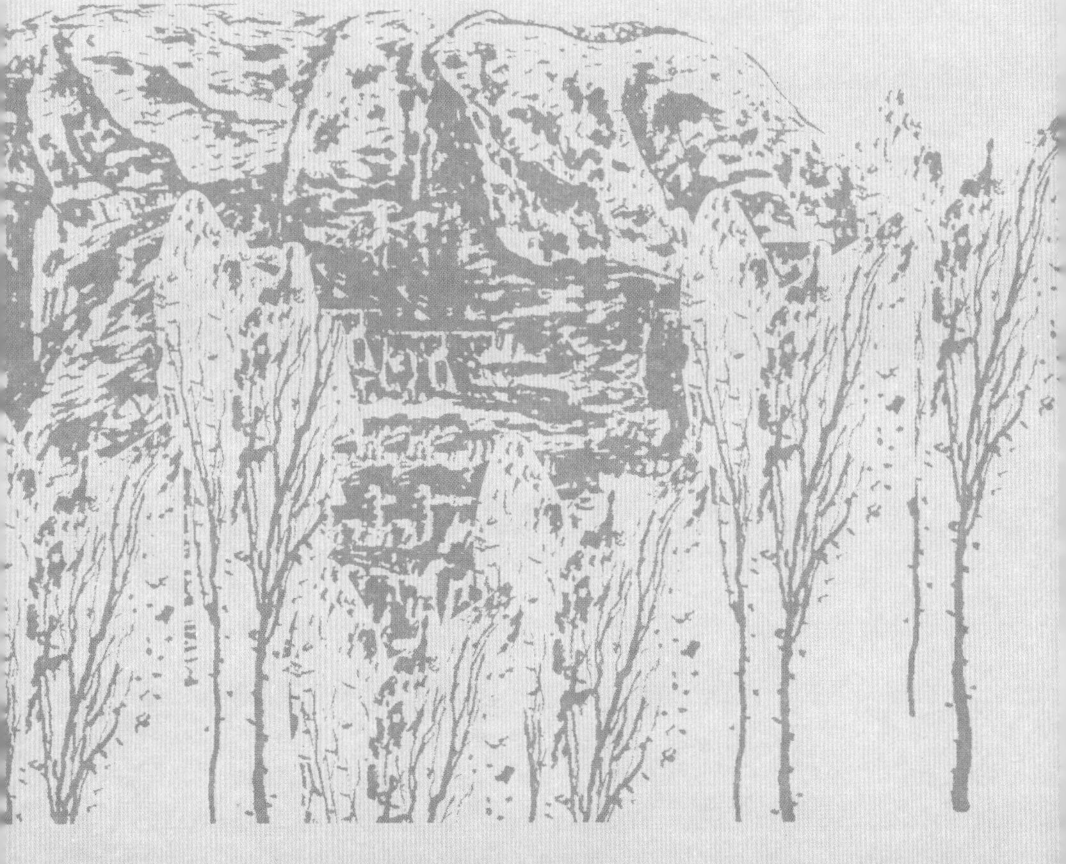

后 记

Epilogue

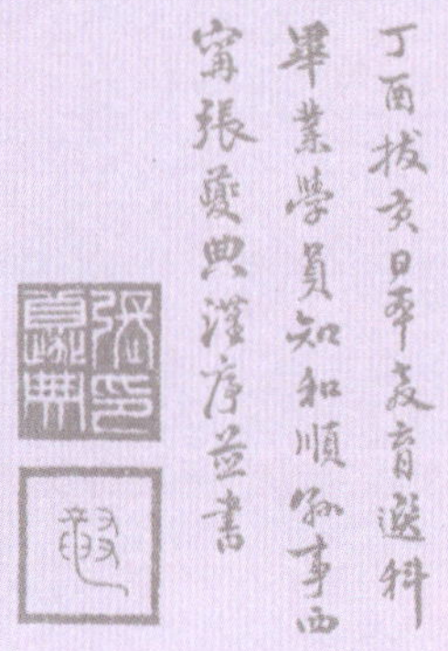

我翻开民国三年重修、一九六四年重印的《和顺县志》，纸质已经发黄，通篇没有一个标点符号，全书四百四十四页，由地理、建置、典礼、祠祀、赋役、官师、选举、人物、风俗、艺文十卷构成。这就是现在能看到的最早的《和顺县志》了。

一九六四年一月一日，当时的县志编撰委员会在重印《和顺县志》说明中这样写道：县志是记载一县史实的文献，虽系地方性的，但和国史一样具有范围大小不同的重要意义，是国史所未能详及的重要典籍。所谓"邑之有志，即如国之有史也"。

我痴迷这本古志，缘于在"两办"的秘书生涯，当时写材料经常需要对和顺县情进行概括，常常是下笔千言，不得要领。偶翻旧县志，发现早在康熙十四年和顺邑令邓宪璋就有他很精辟的概括：

和顺为春秋梁余子食邑，边晋冀东陲，隶辽州北鄙，邻畿甸，接豫域，四岭环峙，群山盘曲，居太行之绝巅。一泓漳水，潆洄郭外。于形胜亦可观。兹山高道险，溪涧奔流，水固不能载舟，陆诚难于驱车。商贾鲜至，贸易不兴，民间以耕凿为业。厥地石确，厥居穴处，且春寒如冬，夏无盛暑，方秋陨霜，将冬飞雪，其天时地利迥异于邻封，宁不衣弊衣而食糠食！为山右偏僻脊苦之最，久著于广舆。

短短一百四十九个字，把和顺的地理位置、地形地貌、气候水文以及那个时代和顺人民的疾苦介绍的非常全面精到，我辈搜肠刮肚，还能超过以上的精练文字、精辟概括吗？旧县志还告诉我们，古代县官主要的善政是：缮城垣、招流离、清逃绝、编保甲、立盐法、除邑害、理学官。大约为现代的城建、民政、治安、户口、盐政、打黑、教育等大事。还告诉我们，到康熙十四年，邑令邓宪璋“不遗余力，流离集、逃绝除、保甲清、城垣固、兴盐利、革驿弊，学官亦从此而更新。俾其农安于畎亩，士业于读书，衣能弊体，食可充腹，于国赋亦无逋负矣”。

一本薄薄的旧县志，就是用如此精美的文笔，给后人志舆图建制，志山川物产，志田赋户口，志风俗祀典，志人才法度，志古迹名宦，志隘口祥异，志节孝艺文……

从公元前六六〇年和顺被封为梁余子养采邑到二〇一〇年，有文字记载的和顺已整整两千六百七十年了，是县志载着这长长的历史，从远古走来并向未来奔去。

我逐页细读并开始写作，始于和顺文化与旅游结合定位、起步并开始发展的二〇〇五年。在边读边游边写的一年多的时间里，我仿佛看见了那些不远千里来和顺为官为吏的士子，仿佛又回到了一派田园风光的古代和顺，仿佛又听到了王云凤那一口地道的和顺东乡话。旧志告诉我们，过去的和顺地处偏僻，山高风猛，石厚土薄，“衣不识锦，食不食稻，货殖不兴，人文孤陋”，但那是相对而言，当天堑变通途，和风伴丽日，资源被利用，人才能伸展，和顺的后发优势和可持续发展条件是古人做梦都不会想到的。就是怀着这样的心情和希望，我写下了这一组系列文章。当时，电视广告上有一则浙江绍兴的旅游宣传片，我印象最深的一句广告词是：跟着课本游绍兴！受此启发，我为这一系列文章找到了总题目：“跟着古志游和顺。”

二〇〇六年六月到八月，《晋中日报》陆续刊登了以“跟着古志游和顺”为总题的十篇文章，随后的几年内，《山西旅游》、《乡土文学》等省内外一些报刊杂志和网站转载了这些文章。二〇〇九年四月，和顺县教育局根据学校标准化建设要求，将我的这一系列文章编印为校本教材。考虑到文章的完整性，又收入了二〇〇九年我在《山西日报》和《晋中日报》上发表的《阏与之战》与《和顺——千年战火万世名》两篇文章。

《跟着古志游和顺》作为校本教材受到了广大师生和文友的喜欢、鼓励和肯定，但它毕竟是内部读物，影响有限，难圆自己把县域文化在更广大的阅读空间推行开来的心愿，难当和顺对外宣传正规读本的要求，特别是每当牛郎织女和消夏避暑节举办的前夕，正式出版该系列文章的冲动总是挥之不去。

出书不易，出一本自己满意的书更不易，我对此深有体会。对社会的责任，对读者的尊重自不待言，著作者虽然辛苦，附带在书业链条上的其

他文字和编辑工作者也不轻松。温彦国先生饱含对家乡的深情为本书题写书名；杨治国先生、焦加先生欣然作序，使文章的境界更高、意趣更浓；程步先生关于“阏与之战”的和文使拙作的分量更为厚重；马逸老师、王良才先生的点评延展了文章阅读的时空界线，马逸老师又做了详细的校改；冯启铭、穆晋春、常跃生、汪沛等先生慷慨提供了不少照片，为本书增色许多；苏华、焦玉强先生的整体创意，三晋出版社（原山西古籍出版社）社长、总编辑张继红先生对我“跟着”他所喜爱的“古志游”的热情赞扬和鼓励，使这本选题较为新颖独特的集子得以顺利出版；还有我的学生、儒雅商者申有科给予的无私襄助，使这本书有着看风云舒卷般的那种好看的感觉。在此，谨对以上诸君深表谢忱！

特别需要说明的是，“精神的快乐”是我又一关于人生思考总结的系列文章，从二〇〇六年到二〇〇九年陆续写成，二〇〇九年《晋中日报》“文化周刊”每两周一篇刊出，二〇一〇年七月号的《九州诗文》集中发表了这九篇文章。把两个系列文章放在一起出版，显然不是一个“系统”，但我认为，前者是县志的产物，后者是“心志”的结晶，同为“志”者，就作为附录收入了。

“跟着古志游”，只是我的一种写作探索，诚望各界人士不吝高见，赐教于我，以助我在下一个系列的写作中少走弯路，多多受益。

赵世芳

二〇一〇年七月

图书在版编目（C I P）数据

跟着古志游和顺／赵世芳著．—太原：三晋出版社，2010.8

ISBN 978-7-5457-0272-9

Ⅰ.①跟… Ⅱ. ①赵… Ⅲ. ①文化史—和顺县 Ⅳ. ①K292.54

中国版本图书馆 CIP 数据核字（2010）第 149546 号

跟着古志游和顺

著　　者： 赵世芳

责任编辑： 张继红

助理编辑： 薛勇强

出 版 者： 山西出版传媒集团·三晋出版社（原山西古藉出版社）

地　　址： 太原市建设南路 21 号

邮　　编： 030012

电　　话： 0351-4922268（发行中心）
0351-4956036（综合办）
0351-4922203（印制部）

E-mail： sj@sxpmg.com

网　　址： http://sjs.sxpmg.com

经 销 者： 新华书店

承 印 者： 山西三和印刷有限责任公司

开　　本： 787mm×960mm　1/16

印　　张： 15

字　　数： 130 千字

印　　数： 1-3000 册

版　　次： 2010 年 8 月　第 1 版

印　　次： 2010 年 8 月　第 1 次印刷

书　　号： ISBN 978-7-5457-0272-9

定　　价： 32.00 元